한반도 평화와 문재인 정부

6.15의 계승과 혁신

박명림 편

연세대학교 대학출판문화원

평화와 화해를 위한 새로운 성찰과 모색

북핵과 미사일 문제를 둘러싼 한반도와 세계의 상황이 더욱 격동하고 있다. 특별히 위기의 극단적인 고조와 단기적 안정을 반복하는 현실에서 평화와 안전을 향한 비전과 대안이 오늘날처럼 절실했던 적도 드물다.

나라와 시대의 위중한 모습을 바라보며 촛불시민들의 개혁과 평화에 대한 열망과, 전직 대통령의 탄핵이라는 초유의 비극을 앞뒤에 두고 출범한 문재인 정부와 대한민국의 엄숙한 소명을 다시금 돌아보고 다짐하지 않을 수 없게 된다.

시대가 요구하는 새로운 모색의 필요성이다. 평화의 한반도와 동북아와 세계의 미래를 소망할수록 과거를 깊이 성찰할 수밖에 없게 된다. 성찰적 모색을 말한다. 그 중의 하나가 우리 시대의 가장 큰 전환점이었던 김대중 대통령과 김정일 위원장 사이의 6.15공동선언이라는 점은 의심의 여지가 없다.

평화와 안녕은 한국민 모두의 가장 간절한 소망이다. 오늘의 엄중한 위기 상황에서 우리가 과거의 큰 걸음들과 지혜들로부터 더욱 크게 가려 배우려는 까닭이다.

[한반도 평화와 문재인 정부: 6.15의 계승과 혁신]의 제목을 갖는 이 책은 2017년 6.15 공동선언 17주년 기념 학술회의와 행사에서 나온 발표문과 연설문을 기본 텍스트로 삼아 김대중 전 대통령의 몇몇 중요한 자료를 추가한 것이다. 이번 기념식과 학술회의는 북핵·미사일 위기의 고조상황에서, 또 촛불탄핵에 의한 정권교체 이후 관련 주제로 열린 첫 번째 행사라는 점과, 특히 문재인 대통령이 현직 대통령으로서는 노무현 대통령 이후 처음으로 직접 참석하였을 뿐만 아니라 중요한 특별 연설을 했다는 점에서 더욱 의미가 컸다.

문재인 대통령은 이 날의 특별 축사를 통해 한반도 비핵평화와 남북관계 발전을 위한 네 가지의 중요한 원칙과 방향, 즉 "북한의 핵·미사일의 추가도발 중단 시 조건없는 대화 의사 표명, 기존 남북 간의 합의 이행을 위한 협의 의지의 피력, 북한 핵의 완전한 폐기와 한반도 평화체제 구축 및 북미관계 정상화의 포괄적 논의, 남북관계의 복원과 대화의 재개 모색"을 천명함으로써 10년 가까이 막혀있던 북핵·미사일문제 해결방도와 남북관계의 새로운 활로개척을 세계와 북한에게 제안한 바 있다. 6.15 공동선언 17주년의 행사가 갖는 역사적 무게와 의미를 더해준 제안이 아닐 수 없었다. 이러한 주목할 만한 근본 원칙과 기본 방향을 김대중 대통령 및 6.15 기념행사에서 제안해주신 문재인 대통령에게 각별한 감사의 말씀을 드린다.

당시의 발표와 토론에서 개진되고 제안된 내용들 역시 비핵평화와 남북공존의 새 시대에 대한 기대와 희망을 깊게 담고 있다. 촛불의 열망과 한반도의 위기와 문재인 정부에 대한 기대가 모두 컸기 때문이었을 것이다. 발표와 토론에 참여한 최고 수준의 학자와 전문가들의 전체적이면서도 정밀한 진단과 포괄적이면서도 구체적인 제언들은 하나하나가 깊이 경청해야할 소중한 자문이요 고언이었다. 문재인 정부는 악화된 한반도 평화 문제를 해결해야 하는 실로 지난한 과제를 떠안은 상황이다.

새 정부의 출범이 한 달 밖에 안 된 극히 짧은 시간의 제약이라는 조건에다가, 덧붙여 문재인 정부의 한반도 정책에 대한 첫 번째 학술회의였음에도 불구하고 예리하고도 훌륭한 발표를 해주신 김연철 교수, 최종건 교수, 이정철 교수, 김준형 교수, 정욱식 대표, 그리고 밀도 있고 수준 높은 특별토론을 해주신 정세현 전 통일부 장관, 김용현 교수, 이종석 전 통일부 장관, 이인영 의원 여러분에게 깊은 감사의 말씀을 드리지 않을 수 없다.

이처럼 2017년 6.15 기념 학술회의와 행사는 오늘의 한반도 상황과 우리 시대에 비추어 학술적으로는 물론 사회적 정치적, 그리고 역사적으로도 중요한 의미를 갖는다. 보다 많은 시민들과 전문가들이 체계적인 관심과 연구를 진행할 수 있도록 본서를 편집하여 발간하게 된 연유다.

특별히 이 책에는 고 김대중 대통령이 2004년부터 2009년 서거 직전까지 6.15 기념행사에서 하였던 기념연설문들을 모두 수록하였다. 고(故) 김대중 대통령은 생전에 6.15 기념행사에서 매번 여러 중요한 메시지를 발표하곤 했었다. 특히 그 중에서도 김대중 대통령 생전 마지막 공개행사이기도 했던 2009년 6.15 9주년 기념식 연설은 시대적 역사적 의미가 매우 컸다. 문재인 대통령의 특별 연설과 함께 꼭 일독을 권유드린다.

끝으로 2017년 6.15기념 학술회의와 행사에 참여하여 의미있는 개회와 축하의 연설을 해주신 박원순 서울시장, 김용학 연세대학교 총장, 임동원 한반도평화포럼 명예이사장께도 심심한 사의를 표한다.

또한 연세대학교 김대중도서관과 함께 행사의 공동주관 기관들이자 후원 및 실무준비를 함께 진행한 서울특별시, 김대중평화센터, 한반도평화포럼, 김대중기념사업회,김대중노벨평화상기념관의 노고와 후의에도 감사드린다.

본서의 편집과 출간을 위해 수고해준 김대중도서관의 장신기, 이지연 두 박사와 이용민 팀장에게도 사의를 표한다.

본서가 한반도 평화를 열망하는 모든 시민들에게 성찰과 희망의 한 지평이 되기를 소망한다.

연세대학교 김대중도서관 관장 **박명림**

차 례

제Ⅰ부 문재인 정부 출범과 한반도 평화

제Ⅱ부 6.15 공동선언의 계승과 문재인 정부에 보내는 제언

제Ⅲ부 6.15의 계승과 혁신: 문재인 정부의 통일, 외교, 안보 정책 제언

제Ⅳ부 특별토론

부록 2004~2009년 김대중 대통령 6.15 기념 연설

제 I 부
문재인 정부 출범과 한반도 평화

6.15 남북정상회담 17주년 기념 특별강연

문재인 | **대한민국 19대 대통령**

존경하는 국민 여러분, 내외 귀빈 여러분,

우리는 오늘 6.15 남북정상회담을 기념하기 위해 모였습니다. 김대중 대통령님의 고뇌와 용기, 그리고 역사적 결단을 기억하고, 그 정신을 되살리기 위해 모였습니다.

특별히 이희호 여사님의 건강을 기원합니다. 김대중 대통령님께서 생전에 여사님께 보냈던 존경과 사랑을 우리 모두가 기억하고 있습니다. 여사님께서 평화를 이룬 한반도를 보시는 것이 우리 모두의 기쁨이 될 것입니다. 이희호 여사님, 오래오래 건강하셔서 꼭 좋은 세상 보십시오.

오늘 이 자리에 서니, 김대중 대통령께서 짊어지셨던 역사의 무게가 깊게 느껴집니다. 김대중 대통령님은 '행동하는 양심으로', '두렵지만 나서야 하기 때문에 나서는' 참된 용기를 보여주신 분입니다. 그 용기가 대한민국의 민주화 시대를 열었습니다. 그러나 무엇보다 김대중 대통령님의 큰 발걸음은 남북 화해와 평화, 햇볕정책에 있었습니다. 김대중 대통령님은 한반도 문제의 주인은 우리 자신이라는 것을 몸소 실천적으로 보여주셨습니다. 분단 후 최초의 남북정상회담으로 남북관계의 대전환을 이끌어냈습니다. 남과 북의 평화통일이 가능하다는 사실을 처음으로 확인시켜 주셨습니다.

우리가 운전석에 앉아 주변국과의 협력을 바탕으로 한반도 문제를 이끌어갈 수 있음을 보여주셨습니다. IMF 위기 속에서 남북 화해와 협력의 새로운 장을 열었고 IMF 위기까지 극복하였습니다.

내외 귀빈 여러분,

오늘 우리가 겪고 있는 위기를 해결하기 위해서라도 남북관계는 새롭게 정립되고 발전되어야 합니다.

김대중 대통령님은 6.15 남북정상회담을 위해 위험을 무릅쓰고 평양에 가셨습니다.

결코 순탄대로가 아니었습니다. 김대중 대통령께서 임기를 시작하고 얼마 지나지 않아 북한은 대포동 1호 미사일을 발사했습니다. 금창리에 제2의 지하 핵시설이 있다는 의혹도 제기되었습니다. 미국이 북한의 영변 핵시설에 대한 폭격까지 검토했던 1994년 이후 또다시 한반도 정세가 긴장국면으로 빠져들고 있었습니다. 그러나 김대중 대통령님은 이러한 위기를 극복하고 미국의 클린턴 행정부를 설득하면서 남북관계가 발전할 수 있는 토대를 주도적으로 닦으셨습니다. 오늘 우리에게 무엇이 필요한지를 분명하게 보여주셨습니다. 북한의 핵과 미사일 개발이 지역과 국제사회의 평화와 안정을 위협하는 심각한 우려사항으로 대두되었습니다. 이는 물론 우리의 안보에도 매우 심각한 우려가 아닐 수 없습니다. 이 자리를 빌어 다시 한 번 촉구합니다. 북한은 핵개발을 포기하고 국제사회와 협력할 수 있는 길을 찾아야 합니다.

우리 모두는 분명히 기억합니다. 김대중 대통령님은 북한의 도발적 행동으로 인한 한반도 위기 속에서도 남북 화해협력의 새로운 장을 열었습니다. 위기는 기회입니다. 미국을 비롯해 국제적 공조를 바탕으로 북한 핵문제를 해결하고 한반도에 평화를 정착시키며 남과 북이 함께 번영을 구가할 수 있는 의지와 지혜, 역량을 우리는 갖고 있습니다. 김대중 대통령님께서 북한의 핵과 도발을 불용하겠다는 원칙을 지키면서 남북관계 발전을 이루어 냈듯이 우리도 새롭게 담대한 구상과 의지를 갖고 해결해 나가야 할 것입니다.

내외 귀빈 여러분,

그동안 남과 북은 반목과 대결이 계속되는 속에서도 몇 차례 중요한 역사를 만들어 냈습니다. 1972년 7.4 남북공동성명으로부터 1991년 남북기본합의서를 지나 2000년 6.15 공동선언까지, 그리고 그 토대 위에서 2007년 남북관계 발전과 평화번영을 위한 10.4 정상선언으로 발전시켜 왔습니다.

남북당국 간의 이러한 합의들이 지켜졌다면, 또 국회에서 비준되었더라면 정권의 부침에 따라 대북정책이 오락가락하는 일은 없었을 것입니다. 그래서 남북합의를 준수하고 법제화하는 일은 무엇보다 중요합니다.

역대 정권에서 추진한 남북합의는 정권이 바뀌어도 반드시 존중되어야 하는 중요한 자산입니다. 정부는 역대 정권의 남북합의를 남북이 함께 되돌아가야 할 원칙으로 대할 것입니다. 또한 당면한 남북문제와 한반도문제 해결의 방법을 그간의 합의에서부터 찾아나갈 것입니다.

존경하는 국민 여러분, 내외 귀빈 여러분,

6.15 공동선언은 남북문제의 주인이 우리 민족임을 천명했습니다.

남과 북은 또 10.4 선언으로 분명히 약속했습니다. 남북의 군사적 적대관계 종식, 한반도에서 긴장완화와 평화보장을 위한 긴밀한 협력을 약속했습니다. 한반도의 항구적인 평화체제 구축을 위해 관련국 정상들의 종전 선언을 추진해가기로 약속했습니다. 핵문제 해결을 위해 6자회담, 9.19 공동성명과 2.13 합의가 순조롭게 이행되도록 공동으로 노력한다고 약속했습니다. 이 약속에 북한 핵문제 해결의 해법이 모두 들어 있습니다. 우리 국민들이 안심할 수 있는 약속이 담겨 있습니다. 남과 북이 함께 발전할 수 있는 방안이 모두 담겨 있습니다.

최근 북한이 6.15 공동선언과 10.4 남북정상선언의 존중과 이행을 촉구하고 있습니다. 그러나 핵과 미사일 고도화로 말 따로 행동 따로인 것은 바로 북한입니다.

우리는 우리대로 노력할 것입니다. 북한도 그렇게 해야 할 것입니다. 북한의 핵 포기 결단은 남북 간 합의의 이행의지를 보여주는 증표입니다. 이를 실천한다면 적극 도울 것입니다. 북한이 핵과 미사일의 추가 도발을 중단한다면, 북한과 조건 없이 대화에 나설 수 있음을 분명히 밝힙니다.

북한의 호응을 촉구합니다. 저는 무릎을 마주하고, 머리를 맞대고, 어떻게 기존의 남북 간의 합의를 이행해 나갈지 협의할 의사가 있습니다. 북한 핵의 완전한 폐기와 한반도 평화체제의 구축, 그리고 북미관계의 정상화까지 포괄적으로 논의할 수 있을 것입니다.

내외 귀빈 여러분,

17년 전 6월 13일, 평양 순안공항에서 김대중 대통령님과 김정일 국방위원장이 뜨겁게 포옹하던 그 모습을 여러분 모두가 기억하실 것입니다. 전 세계를 가슴 뛰게 한 장면이었습니다.

저는 또, 기억합니다. 6.15 선언을 합의한 후 김대중 대통령님께서 하셨다는 그 말씀, "젖 먹던 힘까지 다했다. 내 평생 가장 길고 무겁고 보람 느낀 날이다."라는 말씀을 기억합니다.

그 가슴 뛰던 장면이, 그 혼신의 힘을 다한 노력이 우리 모두의 마음 속에서 다시 살아 꿈틀거릴 때, 한반도에 새로운 역사가 열릴 것이라고 확신합니다.

남북의 온 겨레가 전쟁의 공포에서 벗어나는 역사, 남북의 온 겨레가 경제공동체를 이뤄 함께 잘사는 역사, 한강의 기적이 대동강의 기적을 일으켜 한반도의 기적이 되는 역사, 그 모든 역사의 주인은 바로 우리 자신입니다.

너무 오랫동안 닫히고 막혀 있었습니다. 남북이 오가는 길만 막힌 게 아니라 우리들 마음까지 닫혀 있었는지도 모르겠습니다.

정부는 정부대로 남북관계의 복원과 대화의 재개를 모색하겠습니다. 국민들 속에서 교류와 협력의 불씨가 살아나도록 돕겠습니다. 우리 청년들의 상상력이 한반도 북쪽을 넘어 유라시아까지 뻗어가도록 돕겠습니다. 여야와 보수진보의 구분 없이, 초당적 협력과 국민적 지지로 남북 화해와 협력, 평화번영의 길이 지속되게끔 하겠습니다.

여러분도 함께 노력해 주십시오.

국민들 마음속의 분단이 평화로운 한반도를 향한 벅찬 꿈으로 바뀌어가도록 이 자리에 계신 여러분들께서 함께 노력해 주십시오.

그렇게 정부와 국민들의 노력이 함께 어울릴 때, 그것이 김대중 대통령님의 정신과 6.15 남북정상회담이 이룬 성과를 온전히 계승하는 길이라고 생각합니다.

6.15 남북공동선언에 담긴 꿈이 반드시 이뤄지도록 함께 노력합시다. 김대중 정부의 화해협력정책과 노무현 정부의 평화번영정책을 오늘에 맞게 계승하고 발전시키는 일을 이 자리에 계신 여러분, 그리고 국민 여러분과 함께해 나겠습니다.

감사합니다.

6.15 남북정상회담 17주년 기념 개회사

박원순 | 서울특별시장

존경하는 이희호 여사님, 그리고 문재인 대통령님,

그리고 오늘 참석하신 내빈 여러분, 반갑습니다.

벌써 17년이 되었습니다. 저에게 대한민국 역사상 가장 역사적인 장면을 꼽으라고 한다면, 주저 없이 남북정상이 손을 맞잡은 그날을 떠올릴 것입니다. 대한민국 역사상 가장 역사적인 선언을 꼽는다면, 17년 전 바로 오늘 남북정상이 직접 서명하고 발표했던 6.15 남북공동선언이 될 것입니다.

김대중 대통령께서 길을 여시고, 노무현 대통령께서 길을 다지고 확장하며 서로 왕래하던 길이 끊어지고 말았습니다. 인적이 사라진 길에는 잡초만 무성해졌습니다. 남과 북이 연결되어 유리사아 대륙으로 달리고 싶은 철마는 이미 녹슨 지 오래고, 개성공단은 거대한 고철덩어리가 되어가고 있습니다. 대화는 단절되었고, 한반도에 긴장이 고조되고 있습니다.

이 절망적인 상황에 촛불은 한줄기 희망의 빛이 되었습니다. 촛불의 힘은 민주정부를 탄생시켰고, 촛불은 정권교체 그 너머까지 비추고 있습니다. 끊어진 길을 다시 잇는다는 것, 물론 쉽지 않을 것입니다. 문재인 정부 출범 이후 민간 차원에서 남북교류협력이 기지개를 켜고 있고, 앞으로 커다란 변화의 물꼬가 터질 것을 우리가 기대하고 있습니다.

그러나 지난 시간을 통해서 우리가 깨달은 것이 있습니다. 신뢰는 하루아침에 만들어지지 않지만, 무너지는 것은 한순간이라는 뼈아픈 사실입니다. 한번 무너진 평화는 하루아침에 복원되지 않는다는 사실입니다. 다시는 이런 어리석은 역사를 반복해서는 안 될 것입니다. 누가 대통령이 되더라도, 정권이 바뀌더라도 바뀌지 않는 '한반도 평화체제를 위한 대국민 합의'가 필요합니다.

우선, 남북관계 주권의 회복, 즉 당사자 해결원칙을 복원해야 합니다. 남과 북은 한반도 문제의 '책임공동체'입니다. 한반도 문제를 해결하고, 평화를 정착시킬 주체는 바로 남한과 북한입니다. 남과 북이 갈등과 증오가 아닌 신뢰와 미래를 선택할 때 국제사회의 협력도 이끌어낼 수 있을 것입니다.

둘째, 어떤 상황에서도 대화는 계속해야 한다는 원칙입니다. 전쟁 중에도 대화를 하는데 평화를 위해서 못할 게 뭐가 있습니까? 대화는 한반도 평화와 통일의 필요조건입니다. 분단을 극복하는 과정에서 예상치 못한 사건들이 일어날 수 있습니다. 그럴 때일수록 증오와 두려움을 부추겨서 후퇴할 것이 아니라 이성과 대화의 힘으로 위기를 극복하고 앞으로 나아가야 합니다.

셋째, 굳게 닫힌 북한의 남쪽 정문이 열리지 않으면, 뒷문이라도 두드려야 합니다. 북한이라는 다리를 넘어, 동북아라는 더 넓은 경제공간을 활용할 때가 되었습니다. 중국이나 러시아가 참여하는 북방경제의 기회를 찾아서 한 걸음 한 걸음 나아가는 한반도 P턴 플랜이 필요합니다.

마지막으로 분단의 슬픈 역사를 국내정치에 이용해서는 안 됩니다. 특히 잘못된 이념적 잣대, 거짓 안보는 우리 정치에서 영원히 퇴출되어야 합니다. 이것이 우리 정치를 얼마나 퇴행시키는지, 우리 민주주의를 얼마나 왜곡시키는지 이번 대선을 통해서 우리는 똑똑히 확인했습니다. 그것이 오히려 우리 국민들의 생명과 안전에 큰 위협이 되고 있음을 직시해야 합니다. 통일은 하루아침에 오는 것이 아닙니다. 국내 정치에서부터 외교에 이르기까지 작은 디딤돌을 하나하나 놓으면서 신뢰를 쌓다보면 마침내 평화와 통일에 이르게 되는 것입니다.

저는 서울에서 남한 학생들이 기차를 타고 평양에서 북한 학생들을 태워 남북한 학생들이 함께 파리로 여행하는 그날을 상상합니다. 생각만 해도 가슴이 뛰지 않습니까?

문재인 정부는 가슴 뛰는 상상력, 그리고 담대한 용기와 비전으로 적극적 평화 만들기(peace maker)의 주체가 되어야 합니다. 앞으로 문재인 대통령께서 한반도 평화체제를 위한 대전환의 물길을 열어주실 걸로 믿습니다. 그 도전과 성취를 위해 문재인 대통령에게 박수 한 번 쳐드릴까요?

우리 서울시도 적극 협력할 것입니다. 서울시는 '서울평양 도시협력 방안'을 오랫동안 준비하여 언제든지 꺼낼 수 있도록 맨 윗 서랍에 넣어두고 있습니다. 이제 새로운 정부와 발을 맞추어 서랍 속에 잠자고 있는 꿈을 반드시 실현하겠습니다. 함께 가겠습니다.

이희호 여사님, 이제 좋은 날 오니까 오래오래 건강하십시오.

감사합니다.

6.15 남북정상회담 17주년 기념 축사

김용학 | 연세대학교 총장

이 자리에 참석하신 내외 귀빈 여러분 안녕하십니까?

연세대학교 김용학 총장입니다. 오늘 역사적인 2000년 남북정상회담 17주년을 기념하는 이 뜻깊은 자리에서 축사를 하게 된 것을 영광으로 생각합니다.

바쁘신 일정 속에서도 이렇게 귀한 시간을 내어 이 자리에 참석해주신 모든 분들께 감사드립니다. 특히 특별연설을 위해 참석해주신 문재인 대통령님, 그리고 건강한 모습으로 이 자리에 참석해주신 이희호 여사님께 깊이 감사드립니다.

올해로 17주년을 맞이하는 6.15 남북공동선언은 한국 현대사의 큰 물줄기를 바꾼 매우 의미 있는 사건이었습니다. 전쟁 없는 한반도, 항구적 평화체제가 수립되는 한반도로 나아가기 위해 남북한이 갈등과 대립을 종식시키고 주변강국과의 협력을 도모하기 위한 국제정치적 선언이었기 때문입니다.

그러나 우리는 6.15를 한반도의 평화로 승화시키는 데에는 실패했습니다. 근본적인 상호불신의 벽을 허물지 못한 채 북한의 핵개발은 계속되었고, 6자회담마저도 중단된 채 남북한 관계는 얼어붙고 말았습니다. 지난 4월에는 전쟁위기설이 회자되는 등 안보 불안이 심화되었고 사드 배치와 위안부 합의를 둘러싼 문제로 주변국과의 관계도 악화돼 있습니다. 안보문제가 실타래처럼 얽혀 있는 상황에서 출범한 문재인 정부에 거는 국민들의 기대는 그 어느 때보다 크다 하겠습니다.

저희 연세대학교도 6.15와 깊은 연관이 있는 학교입니다. 우선 저희 연세대학교 김대중 도서관에는 김대중 전 대통령께서 생을 마치시던 그 순간까지 민족의 앞날과 통일을 위해 연구하시던 자취가 보관돼 있는 등 6.15의 정신이 고스란히 배어 있습니다.

연세대 통일연구원의 연구진들은 오늘도 남북한 간의 관계개선을 위한 연구에 매진하고 있으며, 저희 의료원도 6.15 이후 북한의 중환자들에게 필수의약품을 보내고 앰뷸런스를 기증하는 등 대북의료지원에 앞장서 왔습니다.

이제는 평화입니다. 평화를 위해 나아가야 할 때입니다.

그 출발은 바로 2017년 6월 15일, 오늘부터 다시 시작해야 합니다. 이것이 문재인 정부 출범 이후 처음 맞게 되는 6.15의 의미라고 생각합니다.

저희 연세대학교는 앞으로도 남북한의 화해와 협력, 나아가 한반도의 평화와 번영을 위해 꾸준히 노력할 것임을 약속드립니다.

이 자리에 계신 모든 분들께서도 '한강의 기적'을 '대동강의 기적'으로 확장시켜 '한반도의 기적'을 일궈내기 위한 걸음걸음에 힘을 보태주시기 바랍니다.

감사합니다.

6.15 남북정상회담 17주년 기념 강연
다시 6.15 시대를:
한반도 영구 비핵평화의 재출발점에 서서

박명림 | 연세대학교 김대중도서관장

존경하는 문재인 대통령님,

존경하는 이희호 여사님,

존경하는 박원순 시장님,

그리고 김용학 총장님과 내외 귀빈 여러분,

우리와 세계 역사의 결정적 전환점이었던 6.15남북공동선언 제17주년을 맞아 저는 무엇보다 먼저 오늘 이 땅의 엄중한 현실을 떠올립니다.

지난해와 올해 우리의 조국은 두 가지 점에서 세계의 특별한 주목을 받았습니다. 하나는 21세기 세계 최대의 핵 위기이고, 다른 하나는 21세기 세계 최대의 평화시위입니다. 갈라진 반도의 한쪽 광장에서 세계 최첨단 무기퍼레이드가 벌어질 때, 다른 한쪽 광장에선 세계 최대 평화퍼레이드가 펼쳐졌습니다. 지척 휴전선 너머의 핵위협에도 불구하고 멈추지 않는 장관(壯觀)인 100만 참여, 100만 행진, 100만 외침, 100만

평화에 세계는 연일 오싹한 감동을 체험했습니다.

이 극적인 대비처럼 오늘 우리 조국과 한반도의 모습을 압축하는 상징도 없습니다. 이 선연한 대비는 단 하나의 습격과 방화, 단 하나의 약탈과 폭력도 없었던 완전 평화시위 대한민국 촛불시민혁명의 다음 목표와 지향을 너무도 분명하게 요구하고 있습니다. 민주공화국을 부활시킨 촛불의 절대평화는 이제 휴전선과 한반도를 넘어야 합니다.

민주·공화·평화 정부를 다시 부활시킨 대한민국과 한국 시민의 다음 과제는 무엇입니까? 21세기 최대의 시민평화혁명을 성공한 대한민국과, 21세기 최대의 시민평화혁명으로 탄생한 문재인 정부는 마땅히 21세기 최대의 핵무기 위협과 핵전쟁 위기로부터 우리와 인류를 구출해야 합니다. 그 엄숙한 세계시민적 책임과 소명을 다지기 위해 우리는 오늘 다시 옷깃을 여밉니다.

현재의 북핵문제와 한반도 위기는 세계(냉전) 대결의 최후 잔기입니다. 따라서 단연 세계문제입니다. 유엔과 세계 4강이 4반세기를 달라붙어도 풀지 못한 동아시아 최대의 세계 안보현안입니다. 그만큼 지난한 국제문제가 아닐 수 없습니다. 냉전시대 세계지도를 보면 "휴전선에서 베를린장벽까지"가 세계분단선이었습니다. 세계사회주의는 그 두 분단선 안에 놓여 있었습니다.

사회주의와 베를린장벽이 붕괴되자 휴전선은 지구 최후의 세계분단선이 되었습니다. 한국문제는 항상 당대 세계 최대의 문제였습니다. 한국문제의 숨은 본질입니다. 제1차 동아시아 3국 전쟁(1592–98. 임진왜란), 제2차 동아시아 3국 전쟁(1894-95. 청일전쟁), 러일전쟁(1904-05) 그리고 한국전쟁(1950-53) 모두 당대 동아시아 최대의 전쟁이었고 최대의 안보문제였습니다.

그때마다 한반도 분할문제는 강대국들 사이에 항시 재연되었습니다. 그러나 세계전쟁 사이의 한반도는 선조들의 지혜로 세계 어느 지역보다도 장구한 안전과 준(準) 영구평화를 누렸습니다. 때로는 600년 초장기 평화를, 때로는 300년 장기평화를 구가하였습니다. 세계의 대륙과 해양, 제국과 제국, 문명과 문명, 이념과 이념의 사이에 놓인 경계국가, 교량국가, 가교국가라는 것이 한국의 숙명이자 기회였습니다.

잠시 자기반성을 가다듬어 봅니다. 세계가 갈라놓은 '38선'(1945년) 그대로였다면 우리 역시 사회주의 붕괴와 함께 벌써 통일이 되었을 텐데 남북이 상극으로 싸우며 재탄생시킨 '휴전선'(1953년)이었기 때문에 한반도 분단은 아직도 계속되고 있습니다. 여기에 한국문제의 또 다른 본질이 숨어 있습니다. 이 땅에서 반복된 모든 세계대결들이 민족 내부, 우리 내부의 분열·대결과 함께였다는 데에 한국문제의 한 부끄러운 본질이 숨어 있습니다.

오늘의 한반도의 두 군사안보체제인 '정전체제'와 '북핵체제' 모두 세계 수준의 군사안보체제입니다. 세계와 함께 이제는 영원히 끝내야 합니다. 이 땅의 세계대결 시에는 조총, 대포, 제트기 등 항상 당대 세계 최고 무기들이 동아시아 최초로 동원되었습니다. 이번에는 핵입니까? 이 땅에 다시 전쟁이 도래한다면 21세기 세계 최고의 반인간적 반문명적 반생명적 핵전쟁이 될 것이 분명합니다.

존경하는 내외 귀빈 여러분,

절체절명의 위기에서 우린 어떻게 해야 합니까? 누구의 어떤 경험과 교훈에서 배워야 합니까? 출발점은 2000년 6월 15일의 김대중–김정일 정상회담과 남북공동선언에 있습니다. 우리 모두는 그날의 벅찬 감동과 넘실대던 설렘과 가슴 부푼 희망을 아직도 기억하고 있습니다. 다시 김대중의 원숙한 경륜과 깊은 지혜가 절실하게 그리운 이유입니다.

김대중과 6.15의 핵심은 세계문제라는 한국문제의 본질과 요체를 깨달았다는 데에 있습니다. 따라서 새 경로와 새 해법의 개척은 더욱 위대합니다. 국민통합과 민주주의를 통하여 남북관계 개선으로, 남북개선을 통해서 북한과 세계로 나아간 점입니다.

먼저 남북문제 해결의 출발은 내부에 있습니다. 민주정부의 수립과 국민통합이 그것입니다. 김대중의 오랜 민주투쟁과 김대중–김종필 연합이 없었다면 정권교체는 불가능하였습니다. 정권교체가 없었으면 남북정상회담과 6.15 공동선언은 불가능하였습니다. 거듭 강조하건대 6.15 공동선언, 6.15 시대는 최초의 평화적 정권교체 때문에 가능하였습니다.

김대중–김종필 연합은 첫째, 지역연합입니다. 지역패권에 맞선 호남과 충청, 충청과 호남의 연합이었습니다. 둘째, 이념연합입니다. 중도 진보와 중도 보수의 연합이었습니다. 햇볕정책에 대해 보수를 포함한 전 국민의 지지를 확보한 근거였습니다. 셋째, 역사연합이고 정치연합입니다. 산업화세력과 민주화세력의 공존을 의미합니다.

김대중-김종필 연합은 정권교체라는 현실적 목표와 화해라는 이상적 목표를 동시에 성취한 길이었습니다. 이때 화해는 삼중 화해로서, 국내화해는 남북화해의 출발이었습니다.

첫째는 산업화세력과 민주화세력의 화해입니다.

둘째는 진보와 보수의 화해입니다. 특히 통일·외교·안보 부문에 모두 보수세력 출신의 장관들을 임명한 것은 남남화해를 위한 탁견이었습니다.

셋째는 6.25 참전 유공자 예우와 참전수당지급 및 제주 4.3 사건 진상규명과 피해자 명예회복의 두 사례에서 보듯, 국가를 위한 유공을 보상하고 국가에 의한 피해를 포용하는 양면 화해조치였습니다. 김대중 정부는 국가가 6.25 참전자를 현양한 최초의 정부였습니다.

김대중의 연합과 화해의 길은 민주복지국가, 민주평화국가의 초석을 놓았던 핀란드, 오스트리아, 스웨덴, 독일의 보수-사민, 자유-사민 정치연합을 방불케 합니다. 김대중의 길은 세계의 길이었던 것입니다. 김대중-김종필의 연합과 화해에 바탕한 내부연합과 정권교체가 없었다면, 서독과 마찬가지로, 남북정상회담과 남북연합의 제안과 관철은 불가능하였습니다.

독일통일과 유럽통합·유럽평화를 달성한 서독은 8번의 총리, 23번의 내각이 100% 연합정부였습니다. 나라의 통일을 이루고 세계평화에 결정적으로 기여한 핀란드, 오스트리아, 이탈리아 역시 모두 내부통합과 연합정부에서 출발하였습니다. 독일 통일문제를 해결한 두 독일의 지도자들은 저와의 수차 대담에서 독일 통일문제는 양독관계 문제라기보다는, 각자의 연합정치와 민주주의와 인권과 복지 수준에 달려있는 동독과 서독의 내부문제라고 말하였습니다.

2차 대전 이후의 11개의 분할국가·연합점령국가에 대한 정밀한 비교연구를 진행한 결과도 분단과 통일문제는 내부문제의 연장이라는 점을 확고하게 보여줍니다. 현인들의 철학과 세계의 역사가 보여주듯 옆 사람과의 사랑과 연대가 공화국의, 그리고 화해와 공존의 첫 출발입니다. 김대중은 저와의 대화에서 이 점을 누차 강조하였습니다.

존경하는 내외 귀빈 여러분,

올해는 한국사회에 남남갈등이라는 용어가 처음 등장한 지 정확하게 20년이 되는 해입니다. 제가 이 말을 만든 원흉입니다. 저는 당시에 김일성 조문파동과 훈령조작 사건을 보며, 게다가 대선을 앞두고 남북문제를 국내정치에 왜곡 동원하고 활용하는 현실에 분노를 느껴 남남갈등이 남북갈등 못지않게 민주발전과 남북통일에 큰 걸림돌이 될 것으로 진단하였습니다. 앞서 제가 조어했던 남북의 분단·독재세력 사이의 '적대적 상호의존', '공생적 적대' 개념의 연장이었습니다. 민주세력은 국내정치에 대한 남북관계 활용을 중단하였지만, 일부 보수 세력의 국내정치 동원과 시대착오적 이념공세로 인한 남남갈등은 아직도 계속되고 있습니다.

우리는 김대중 대통령과 함께하였던 세 번의 절정의 국민통합을 뚜렷하게 기억합니다. 환란극복과 금모으기 운동, 남북정상회담, 그리고 한일 월드컵, 이 세 계기들에서 보듯 김대중 시대 국민통합은 민주화 이후 최고였습니다. 남북관계와 국제관계 역시 건국 이래 최고였습니다. 김대중 시기는 내부통합, 남북협력, 국제관계 모두가 절정의 시기였던 것입니다.

최근 우리사회는 사드 배치를 둘러싸고 남남갈등이 심각하였습니다. 내부 갈등을 넘기 위해 문재인 정부가 국내의 법적 제도적 절차를 제대로 밟는 과정은 민주국가로서 지극히 정당하고 당연합니다. 특히 이렇게 하여 확보되는 숙의와 통합의 시간은 무엇보다 우리의 역할과 해법을 국제사회와 북한에게 반영하고 관철하는 기간이 되어야 합니다. 사드문제는 북핵문제의 산물입니다. 따라서 북핵문제에 대한 우리의 창의적이고 독창적인 해법을 마련한다면 충분히 해결할 수 있습니다.

우리는 지금 삼중 난관에 직면해 있습니다. 남북관계 개선과 북핵문제 해결을 위해 대북 인도적 지원과 민간교류를 재개하려는데 국제사회는 대북압박과 제재를 더욱 강화하고 있습니다. 게다가 북한은 국제제재를 초래하는 미사일 실험을 계속하고 있습니다. 나아가 남북관계 개선을 추구하는 국내 시민사회의 제안도 북한은 거부하고 있습니다.

이 삼중 난관을 극복하기 위한 돌파구요, 지렛대는 국민통합과 남북관계 개선입니다. 촛불의 민주공화 정신으로 국민통합을 이루고, 국민통합으로 남북관계를 개선해야 국제사회의 신뢰를 얻고 북핵문제와 사드문제, 한중 갈등도 풀립니다.

우리는 김대중 정부시기에 북한 조명록 차수와 미국 올브라이트 국무장관의, 북미 최고위급 사이의 전후 최초의 워싱턴과 평양 상호 교차 방문, 그리고 클린턴 대통령 방북과 북미 수교 시도를 통한 한반도 정전체제의 최후·최종 해결과 평화체제건설 직전의 숨 막히는 상황을 목도하였습니다. 햇볕정책과 6.15 공동선언의 직접적인 성과였습니다. 남남갈등의 축을 뚫자 남북갈등이, 남북관계 축을 뚫자 국제관계와 국제협력 축이 연이어 뚫린 것입니다.

노무현 정부가 이룩한, 지금까지 등장한 가장 완벽한 북핵문제 및 정전체제 해결 구상으로 평가받는 9.19 공동성명 역시 민주정부로서 남북관계 개선과 한반도문제 논의를 주도하였기 때문에 가능하였습니다. 재론을 요하지 않습니다.

존경하는 내외 귀빈 여러분,

여기에서 잠시 현재 진행 중인 김대중도서관의 세 가지 핵심 사업을 보고드립니다. 이 사업들은 아시아 최초의 전직 대통령 도서관인 김대중도서관을 설립할 때부터의 연세대학교와 김대중 도서관의 오랜 꿈이었습니다.

첫째, 김대중 대통령의 영문 자서전이 곧 출간됩니다. 이는 김대중의 삶과 사상을 세계에 알리는 첫 번째 계기가 될 것입니다. 출간 이후 워싱턴과 베를린, 도쿄와 베이징의 최고 학술기관에서 김대중 평화사상과 평화실천에 대해 국제학술토론을 개최할 예정입니다.

둘째, 김대중 전집 출간이 임박하였습니다. 대통령 재직 중의 전집 10권은 이미 출간하였고, 곧 나머지 17권도 출간하여 전직 대통령으로서는 한국 최초로 전집을 출간하여 본격적인 김대중연구와 김대중학(金大中學)의 첫발을 내디딜 것입니다.

셋째, 20세기 후반의 세계 3대 평화 지도자 김대중, 빌리 브란트, 넬슨 만델라에 대한 공동연구를 해당 기관들과 함께 시작하였습니다. 지금은 각 기관들과 의견을 조율하고 있는 중입니다. 이를 통해 비로소 김대중의 평화사상과 평화실천은 세계평화사상의 반열에 오르고 마침내 세계와 함께 고구되고 연찬될 것입니다. 그리하여 김대중학은 연세대학교와 한국을 평화학과 인권학과 화해학의 세계적 중심으로 안내할 것입니다.

이제 김대중은 호남과 진보를 벗어나 영남과 보수를 포함한 모든 한국에서, 나아가 한국과 한반도를 벗어나 동아시아와 모든 세계인들이 함께 담론하고 함께 배우는 지도자가 될 것입니다. 호남을 벗어나 영남과 전국에서도, 진보를 벗어나 보수와 북한에서도, 한국을 벗어나 미국과 중국과 일본과 유럽과 세계에서도 마침내 김대중을 존경하고 따르게 될 것입니다. 그는 연대와 평화, 화해와 공존이라는 세계시민의 정수를 실천한 지도자입니다. 김대중은 바로 우리가 세계에 내놓을 수 있는 가장 대표적인 세계시민입니다.

존경하는 문재인 대통령님,
존경하는 이희호 여사님, 그리고 내외 귀빈 여러분,

이제 우리 조국은 다시 숙연한 출발점에 서 있습니다. 우리가 문재인 대통령과 문재인 정부에게 남북관계개선과 북핵 해결과 한반도평화 건설의 기대와 희망을 갖는 이유는 명확합니다. 그것이 (세 번째) 민주정부이자 촛불시민혁명이 배출한 국민통합정부이자 시민평화정부이기 때문입니다.

문재인 정부는 김대중-노무현 정부처럼, 북한 문제를 국내정치에 결코 이용하지 않을 것이며, 촛불시민의 평화열망을 휴전선과 국경을 넘어 한반도와 동아시아와 세계로 넓힐 것이기 때문입니다. 주변의 강성 지도자들 트럼프, 시진핑, 아베, 푸틴, 그리고 김정은을 촛불광장의 장엄한 절대열망과 절대평화에 바탕하여 반드시 공존과 협력, 화해와 평화로 이끌어갈 것이기 때문입니다.

민주시민은 결코 전쟁을 원하지 않습니다. 민주정부도 전쟁을 원하지 않습니다. 근대의 세계 최고 현자들과 최고 정치인들이 밝혀주었듯이, 그리고 우리의 최고 민주지도자 김대중과 노무현이 증명했듯이, 그리고 문재인이 다시 힘주어 강조하였듯, 평화가 복지이며 평화가 번영이기 때문입니다. 안보가 평화이고 외교가 경제이기 때문입니다. 평화가 삶이고 행복이기 때문입니다. 실제로 성장, 수출, 외환보유, 주가상승, 1인당 GNI 증가, 공공지출, 복지, 최저임금, 가계저축 … 모두 보수우파 정부가 아닌 민주개혁 정부가 앞섰습니다.

국민 80%가 지지한 촛불시민혁명의 소중한 민주·공화·평화의지로 등장한 문재인 대통령은 지역통합·세대통합·국민통합에 바탕한 통합 대통령과 통합정부를 천명하였습니다. 저는 거기에 바로 6.15 계승과 남북관계 개선, 북핵 해결과 한반도 평화의 지름길이 있다고 믿습니다.

그것은 화해에서 출발합니다. 남남화해가 곧 (국민)통합이고, 남북화해가 곧 평화입니다. 저는 유럽을 가면 자주 피렌체의 산타크로체 성당과 런던의 웨스트민스터 사원에 들릅니다. 그리곤 이내 숙연해집니다. 전자에는 지동설을 주장한 갈릴레오 갈릴레이의 묘가 있고, 후자에는 진화론을 주장한 찰스 다윈의 묘가 있기 때문입니다. 저 가공할 천동설과 창조론의 본산 성당과 교회 한복판에 어떻게 지동설과 진화론을 주창한 이 둘의 묘가 놓일 수 있었겠습니까? 궁극적 화해는 인간존재와 번영의 근원 중의 근원입니다. 그리고 그것은 신의 은총입니다.

존경하는 문재인 대통령님,
존경하는 이희호 여사님, 그리고 내외 귀빈 여러분,

김대중이 개척한 첫 길인 '내부 화해', '민주정부' 수립 → '남북관계' 개선 → (동아시아와) 한반도 '국제평화' 안출과 주도의 3단계 경로의 의미는 명백합니다. 내부는 곧 외부이고, (내부) 민주주의는 곧 (국제) 평화이며, 남북관계개선은 곧 한반도문제와 국제관계의 선도요인입니다. 거기에 평화와 통일의 길이 있습니다. 김대중 대통령이 열었고, 노무현 대통령이 더욱 넓힌 화해협력과 평화번영의 새 길, 큰 길, 그 생명의 길, 그 평화의 길을 문재인 대통령이 완성해주실 것을 굳게 믿습니다.

올해 6월 항쟁 30주년을 맞은 우리는 2018년 분단과 제헌과 정부수립 70주년을 맞습니다. 2019년에는 3.1 운동과 민주공화국 수립 100주년을 맞습니다. 2020년에는 4월 혁명 60주년과 광주항쟁 40주년과 6.15 공동선언 20주년을 맞습니다.

이 모든 역사적 무게를 능히 감당하는 6.15 공동선언 17주년, 촛불시민혁명 원년, 문재인 정부 원년의 대한민국이 되길 충심으로 기원하고 다짐하며 저의 부족한 말씀을 마칩니다.

경청해 주셔서 감사합니다.

6.15 남북정상회담 17주년 학술회의 환영사

임동원 | **한반도평화포럼 명예이사장**

오늘 6.15 남북공동선언 17주년을 맞아 '6.15의 계승과 발전: 새 정부의 과제'를 주제로 학술회의를 개최하게 된 것을 뜻있게 생각하며, 이른 시간임에도 불구하고 이 자리를 빛내주신 참석자 여러분께 감사와 환영의 인사를 드립니다.

발표자와 토론자 여러분에게도 감사의 인사를 드립니다.

문재인 민주정부 출범을 계기로, 지난 9년간의 역주행을 멈추고 남북관계의 새로운 활로를 모색하는 가운데 6.15 17주년을 맞는 우리는 벅찬 기대에 차 있습니다.

분단역사상 최초의 남북정상회담과 〈6.15 남북공동선언〉은 반세기 분단사의 대전환을 시도한 역사적인 사건입니다. 6.15는 냉전의 잔재를 털어버리기 위한 한반도평화프로세스를 본격적으로 추진하는 전기를 마련한 것입니다.

남북의 두 정상은 정상회담을 통해 평화와 통일, 화해와 협력을 기약하는 공동선언을 생산하는 데 성공했습니다. 민족의 앞날을 밝혀준 〈6.15 남북공동선언〉은 합의에만 그친 선언이 아니라 경제협력을 비롯한 다방면의 교류 협력을 처음으로 행동에 옮기게 한 실천선언이라는 점에서 그 가치가 더욱 빛납니다.

DMZ 지뢰를 제거하여 끊어진 철도와 도로를 연결하고 하늘길과 바닷길도 열었습니다. 분단 후 처음으로 사람과 물자가 남북을 오고 갈 수 있는 길을 마련한 것입니다. 이산가족 상봉이 이루어졌습니다. 동쪽에는 금강산관광 단지, 서쪽에는 개성산업공단을 건설 운영하고, 교역과 경제협력이 활기를 띠기 시작했습니다.

여러 분야에서의 남북 왕래와 만남, 교류와 협력이 활성화되면서 남북 접촉과 시민 참여의 공간이 넓어졌습니다. 이런 과정을 통해 적대의식이 수그러들고, 긴장이 완화되고, 상호신뢰가 싹트기 시작했습니다. 반세기 불신과 대결의 시대를 넘어 화해 협력의 새 시대를 열어가는 소중한 출발을 하게 된 것입니다.

6.15 정상회담의 다른 하나의 큰 의의는 민족의 운명이 외세에 의해 좌우되던 우리가, 우리 힘으로 민족문제를 해결할 수 있고, 우리의 운명을 우리가 주도해 나갈 수 있다는 자신감을 과시하고 민족자존을 드높였다는 사실입니다.

민족문제를 당사자인 남과 북이 합의하면, 미국 중국을 비롯한 국제세력의 지지와 협조를 얻을 수 있으며, 민족공조와 국제공조는 서로 대립되는 것이 아니라 상호보완적인 것임을 입증한 것입니다. 우리가 어떤 입장을 취하고 어떤 노력을 경주하느냐에 따라 한반도는 전쟁의 먹구름에 휩싸일 수도 있고 평화의 햇살 속으로 들어갈 수도 있다는 것을 보여준 것입니다.

지난 14년간 북한 핵과 미사일문제가 한반도평화프로세스의 걸림돌로 작용했습니다. 북핵문제는 6자회담 〈9.19 공동성명〉을 통해 합의한 대로, 미-북 적대관계 해소와 관계정상화 그리고 한반도평화체제가 구축될 때 해결될 수 있는 문제입니다. 미국의 대북 적대관계 해소를 위한 결단이 문제 해결의 열쇠인 것입니다. 한국은 실패한 '선(先)핵문제 해결 후(後)남북관계 개선'이 아니라 핵문제 해결과 남북관계 개선을 병행 추진해 나가야 합니다. 남북관계를 개선하여 북한의 변화를 유도하는 한편 미-북 관계 개선을 견인해 나가는 것이 북핵문제 해결의 길인 것입니다.

지금 우리가 당면한 시급한 과제는 남북관계를 개선하는 일입니다. 남북관계를 개선해야 긴장을 완화하고 평화를 만들어갈 수 있습니다. 평화가 전부는 아니지만 평화 없이는 아무것도 이룩할 수 없습니다. 남북관계 개선을 통해 미-북 관계 개선을 견인하고, 미-중 협력 관계 증진에도 기여할 수 있습니다. 남북관계 개선을 통해 북핵문제 해결과 한반도평화체제 구축의 길도 열어나갈 수 있는 것입니다. 남북관계 개선이 한반도문제 해결의 출발점인 것입니다.

문재인 정부는 〈6.15 남북공동선언〉을 비롯한 남북합의의 이행을 다짐하고, 전제조건 없는 대화를 시작하여 그동안 중단했던 교류 협력

사업을 하나씩 재개해야 합니다. 조성된 난국을 돌파하기 위해 우선 선민후관(先民後官), 선경후정(先經後政)의 접근을 고려할 수 있을 것입니다. 문재인 정부는 장기적이고도 전략적인 안목을 갖고 집권초기에 전환의 계기를 마련해야 하고 화해 협력시대를 다시 열어나가야 할 것입니다.

오늘의 이 학술회의가 〈6.15 남북공동선언〉의 의의와 정신을 오늘에 되살려 문재인 정부가 남북관계를 개선하여 평화와 통일을 지향해 나갈 수 있도록 지혜를 제공하는 소중한 자리가 되기를 기대해 마지않습니다.

감사합니다.

성명서

6.15 남북정상회담 17주년을 맞는 우리의 입장

2000년 6월 15일 남과 북의 정상은 분단 반세기 만에 처음으로 만나 민족의 평화와 통일 및 공동번영을 위한 역사적인 회담을 하였다. 이는 평화와 조국의 통일을 소원하는 8,000만 민족의 염원으로 전 세계인들의 뜨거운 환영을 받았다.

이 회담에서 남과 북 두 정상은 통일문제의 자주적 해결에 동의하고 평화통일 방안, 이산가족 상봉, 다양한 분야의 교류협력과 이를 실천하기 위한 당국자 실무회담 개최 등 5개 항을 합의한 〈6.15 남북공동선언문〉을 발표했다.

이후 남과 북은 공동선언 합의에 따라 이산가족 만남, 금강산 관광과 개성공단 공동운영을 비롯한 다양한 분야에서 교류를 활성화하였다. 남과 북은 과거 적대감을 넘어 민족의 동질성을 회복하고 평화적인 관계를 형성하게 되었다. 또한 끊어지고 가로막혔던 땅길, 바닷길, 하늘길이 열리고 남북 철도가 연결되어 한반도에서 러시아 시베리아, 중국, 몽고를 아우르고 유럽까지 갈 수 있게 되었다.

그러나 이명박·박근혜 정부는 남북관계를 6.15 남북정상회담 이전의 적대적 관계로 회귀시켰다. 또한 보수 정권은 민족의 화해와 협력의 상징인 햇볕정책을 퍼주기 및 핵개발 비용 제공으로 매도하였다.

하지만 보수정권 9년 동안 북한은 4차례 핵실험과 각종 미사일을 개발하고 실험했다. 미국과 유엔 그리고 남한 보수정권은 북핵 문제해결을 위해 북한에 강한 압박과 제재 조치를 취했다. 현재 이런 적대적 대결의 악순환의 결과 한반도에는 전쟁의 기운마저 감돌고 있다.

이처럼 한반도의 전쟁위기 속에서도 한국 국민들이 평화로운 생활을 하는 것을 보고 세계인들은 놀라워한다. 이는 무엇보다도 6.15 남북정상회담 이후 학습된 평화적 삶의 결과이다. 또한 우리 국민들은 반공이데올로기로 상징되는 낡은 기득권 세력을 청산하고 문재인 정부를 출범시켰고, 문재인 대통령도 취임사를 통해 햇볕정책을 지지한다고 선언하였다.

문재인 정부 출범 이후 처음 개최되는 6.15 남북정상회담 17주년 행사에 참석한 우리는 그동안 중단되었던 〈6.15 남북공동선언〉 합의 내용을 남과 북의 정부와 국민들에게 다시 한 번 상기시키고, 이 공동선언 실천을 촉구하며 다음과 같이 우리의 입장을 천명한다.

1. 남북문제는 6.15 남북공동선언 합의 정신으로 해결하고, 북핵문제는 2005년 6자회담에서 합의된 9.19 공동선언 정신으로 풀어갈 것을 촉구한다.
2. 햇볕정책은 화해와 용서, 대화와 협력의 상징으로 민족의 통합과 주변국과의 외교에도 가장 중요한 원칙이 되어야 한다.
3. 문재인 정부는 북핵문제 해결을 위한 평화적 노력을 추진함과 동시에 남북 대화와 교류협력의 길을 열어가야 한다.

4. 북한은 핵과 미사일 개발을 중지하고 평화적인 해결방법을 모색해야 한다.

2017년 6월 15일

6.15 17주년 기념식 참가자 일동

제 Ⅱ 부

6.15 공동선언의 계승과 문재인 정부에 보내는 제언

제1장

6.15의 현재적 의미와 문재인 정부의 대북정책

김연철 | 인제대학교 교수

1. 6.15 공동선언의 현재적 의미

남북관계의 역사는 2000년 6.15 공동선언을 기준으로 그 이전과 이후로 구분할 수 있다. 그 이전 시대를 '접촉이 없는 시대'라고 한다면, 6.15 공동선언 이후 시대를 '접촉의 시대'로 규정할 수 있다. 남북관계에서 가장 중요한 시대적 과제인 이산가족 상봉의 경우, 1985년 단 한 번 만났지만, 6.15 정상회담 이후에는 정례화되었다. 당국 간 대화의 경우도 장관급 회담을 비롯한 분야별 회담이 체계화되었다. 경제협력의 경우, 1989년 남북교역이 시작된 초기에는 2천만 달러에도 미치지 못하였던 남북 교역규모가 2002년 6억 달러에 이르게 되었다. 2002년부터 남한은 중국에 이어 북한의 제2교역상대로 부상했다.

이명박·박근혜 정부에서 남북관계는 '공백의 10년'이라고 부를 수 있을 정도로 후퇴했다. '남북관계 제로 시대'라고 부를 정도로 정부 간 대화도 민간의 인적 접촉도 기업의 경제협력도 모든 것이 중단되었다. 매우 어려운 환경에서 대북정책을 전환해야 하는 문재인 정부는 김대중 정부에서 교훈을 얻을 필요가 있다. 김대중 정부가 출범할 때는 정말 어려운 환경이었다. 남북관계의 불신이 심각했고, 북핵문제는 악화되고 있었고, 대북정책을 둘러싼 한미 갈등과 남남갈등이 심각한 상태였다. 당시의 악조건에서 어떻게 6.15 공동선언을 만들었는지를 주목할 필요가 있다. 물론 한반도를 둘러싼 국제환경이 변했고, 남북관계의 구조도 달라졌기 때문에, 6.15 공동선언 채택 당시의 정책을 그대로 반복할 수 없다. 그러나 대북정책의 원칙과 기조로서의 '6.15 정신'은 여전히 유효하다. 6.15 정신과 관련해서는 특히 다음의 세 가지가 중요하다.

첫째는 '접촉을 통한 변화'다. '접촉을 통한 변화'는 서독 동방정책의 정책기조이기도 하고, 동시에 클린턴 행정부의 외교정책인 개입과 확장(Engagement and Enlargement Policy)과 같은 맥락이라고 할 수 있다. 접촉하지 않고 상대방을 변화시킬 방법이 없으며, 접촉이 이루어지지 않으면 관계의 성격도 달라지지 않는다. 6.15 공동선언 이후의 접촉이 남북관계에서 어떤 변화를 가져왔는지를 주목할 필요가 있다. 2000년 남북정상회담 이후 장관급 회담을 비롯하여 정치적 대화가 제도화되었고, 군사적으로는 '우발적 충돌방지'를 비롯한 군사적 신뢰구축 조치가 취해졌으며, 남북경제협력 분야에서는 금강산 관광과 개성공단을 비롯한 협력거점들이 마련되었고, 사회문화 분야에서는 이산가족 상봉을 비롯한 인도적 현안에서 중요한 진전을 보여주었다.

이명박·박근혜 정부 10년 동안 '접촉을 통한 변화'가 중단되었다. 국내적 합의구조의 취약성을 드러냈고, 동시에 대북정책 형성과정에서 '민주주의의 저발전'을 반영했다. 동서독 관계에서 보면, '접촉을 통한 변화'는 초당적 협력과 정책의 장기지속성이 보장되어야 효과가 나타났다. 동서독과 비교해보면 한국에서 '접촉을 통한 상호변화'의 시기는 너무 짧았다. 문재인 정부는 '접촉을 통한 변화'의 장기지속성을 어떻게 확보할 것인지를 검토할 필요가 있다.

둘째, '사실상의 통일' 개념이 중요하다. 6.15 공동선언의 주역인 임동원 장관은 '사실상의 통일' 개념을 "화해협력을 통해 북한의 개방과 시장경제로의 개혁을 유도하고 평화공존을 통해 '법적 통일'에 앞서 남과 북이 서로 오가고 돕고 나누는 것"이라고 규정했다.(임동원, 2008: 334) '법적·제도적 통일'은 통일과정의 절차적 중요성을 강조하지만, '사실상의 통일'은 통일과정의 역동성에 주목한다.

이명박·박근혜 정부 10년은 '과정으로서의 통일'을 부정하고 '결과로서의 통일'만 강조했다. 그러나 통일은 '도둑처럼 오는 것'이 아니라, '농부의 마음으로 준비하는 것'이다. 예멘 사례에서 보듯이 준비하지 않는 통일은 재앙일 뿐이다.

남북관계를 포괄적으로 개선하고 분야별 협력과 평화정착의 성과들을 반영하여 '남북연합'의 제도적 수준을 점진적으로 단계적으로 발전시켜 나가는 것이 필요하다. 각 분야별 발전수준이 상호 호혜적이고, 남북관계의 기본성격을 냉전체제에서 탈냉전체제로 전환할 경우, '사실상의 통일' 상태는 실현될 것이며, 그것은 자연스럽게 '법적 제도적 통일'의 기회를 부여할 것이다.

셋째, '포괄안보'의 시대로 전환해야 한다. 김대중 정부시기 대북정책은 '튼튼한 안보를 바탕으로' 추진되었다. '접촉을 통한 변화'의 과정에서 안보의 성격과 구조가 점진적으로 단계적으로 달라지고, 결과적으로 평화구조가 중첩적으로 형성되었다고 볼 수 있다. 전통적 안보의 비중은 줄어들 수 있지만, 현대적 의미의 '포괄안보'는 강화되었다는 점에서 6.15 공동선언의 시대를 '안보 약화'라고 해석할 수 없다.

현대 선진국의 안보개념은 과거의 전통적 '군사안보'에서 '포괄안보' 개념으로 전환했다. 우리도 마찬가지로 '포괄안보'로 전환해야 한다. 저성장 기조로 가고 있는 한국경제가 과연 끝을 알 수 없는 '군비경쟁'을 감당할 수 있을지 의문이다. 경제활동인구가 급격히 줄어들고 있는 인구절벽의 현실에서 우리가 무한대의 군비증강을 할 수 없고, 그럴 만한 재정 능력도 없다는 것이 객관적인 현실이다. 안보의 가장 우선적인 목표는 국민의 생명과 재산을 지키는 것이고, 과연 현재의 상황이 서해에서 접경에서 그리고 수도권에서 국민이 안심하고 생업에 종사할 수 있는 환경인지 묻지 않을 수 없다.

포괄안보에서 가장 중요한 것은 정부가 국민의 신뢰를 얻는 것이다. 정부가 국민의 신뢰를 얻으려면 정보를 공개하고, 중요한 쟁점 현안에 대해서는 공론의 과정을 거치고 합의를 모으는 노력을 게을리하지 말아야 한다.

2. 문재인 정부의 대북정책: 3개의 선순환

이명박·박근혜 정부 10년 동안 북핵문제와 남북관계가 악화되고, '북한문제'를 해결하기 위한 국제 협력수준도 악화되었다. 현재 한반도는 국제사회의 '제재'와 북한의 '억지'가 악순환 중이고, 대북정책에서 정치군사와 경제협력의 연계로 악순환하고 있고, 한반도와 동북아 협력이 단절되어 있다. 문재인 정부는 한반도 정세를 결정하는 주요 요소의 악순환을 선순환으로 전환할 필요가 있다.

첫째, 핵문제와 남북관계의 선순환이다. 북핵문제와 남북관계가 선순환이 이루어질 수 있는 환경과 전략이 중요하다. 지금까지 남북관계를 핵문제와 연계하는 전략은 실패했다. '북핵문제'는 한반도 냉전체제의 산물인데, '관계'의 변화 없이 핵문제를 해결할 방법은 없다. 핵문제를 근본적으로 해결하기 위해서는 '관계의 성격'을 변화시키기 위한 과정이 필요하고, 그것은 남북관계의 정상화로 가능하다.

핵문제의 해결과정이 장기적인 과정이라면, 남북관계는 해결해야 할 시급한 현안이 적지 않다. 인도 분야의 협력은 정치군사적 현안과 분리하는 것이 국제사회의 원칙이다. 남북한의 군사 분야도 마찬가지다. 핵문제 해결 이전에도 해결해야 할 초보적인 군사적 신뢰구축 분야는 적지 않다. 핵문제와 남북관계를 분리하고, 서로 보완하여 긍정적 영향을 미칠 수 있는 핵문제와 남북관계의 선순환이 중요하다.

둘째, 남북관계에서 정치와 경제의 선순환이다. 남북관계에서 정치와 경제를 연계하는 '정경연계론'은 실패한 정책이다. 연계의 목적은 북한의 태도변화이지만, 실질적인 결과는 정치관계는 후퇴하고 경제협력은 축소되었다. 연계론은 적대의 악순환으로 이어졌다. 특히 5.24 조치와 같은 경우, 그것이 국제사회가 추진하는 보편적인 '경제제재'의 원칙과 기준을 갖추었는지는 의문이다. 남북관계에서 정부와 민간을 연계하는 전략은 정부 간 관계의 악화뿐 만 아니라, 민간교류를 중단하는 결과를 가져왔다. 핵문제와 국제적인 상황을 고려해서 정경분리가 어렵다면, 최소한 정부와 민간의 역할을 분리하는 민관분리의 원칙을 선택하는 것이 바람직하다.

셋째, 남북경제협력과 동북아 협력의 선순환이다. 대북정책과 동북아 지역전략과의 관계를 고려하고, 동시에 남북경제협력을 동북아 경제협력으로 확장하는 전략이 중요하다. 남북경제협력을 포함하는 북방경제의 다자적 접근은 사업의 지속성을 확보하기 위한 국제적 보장 방안이고, 동시에 국내적 설득의 근거를 확보할 수 있는 접근법이다.

북핵문제의 해결 과정에서 동북아 철도·도로 연결, 동북아 에너지 협력을 추진하고, 경제협력에 대한 중국과 러시아의 이해관계를 한반도 평화형성 과정에서 중요한 동력으로 활용하는 지혜가 필요하다.

3. 문재인 정부 대북정책의 핵심 과제

1) 핵문제와 남북관계: 포괄적 접근과 병행 해결

현재 6자회담이 장기간 중단되었기 때문에, 회담을 재개하는 것이 쉽지 않고, 북한의 핵능력이 과거와 비교할 수 없을 정도이기 때문에 과연 과거 합의가 계속 유효한지도 의문이다. 그러나 외교적인 협상으로 북핵문제를 해결하고자 한다면, 6자회담의 대안을 찾기는 어렵다. 북핵문제에 대한 협상의 필요성을 인정한다면, 9.19 공동선언은 여전히 유효한 합의로 볼 수 있다.

6자회담의 재개를 위해서는 우선적으로 환경조성이 필요하다. 회담 재개를 위해서는 상황 악화를 방지하는 것이 가장 중요하다. 북한이 과연 6자회담에 참여할지는 의문이지만, 북한의 참여를 유도할 수 있는 환경을 조성하는 것이 6자회담 참여국들이 우선적으로 추진해야 할 과제이기도 하다.

상황 악화를 막기 위해서는 우선적으로 북한의 핵능력을 현재 수준에서 동결하는 것이 중요하다. 북핵문제 전문가인 해커 박사가 제안하고, 미국의 경험 많은 협상가들이 필요성을 인정한 '동결 방안'에서 시작하는 것이 필요할 것이다. '3 No'라고 요약할 수 있는 이 제안은 핵실험을 하지 않고(No More), 소형화·경량화 기술을 발전시키지 않고(No Better), 핵무기를 수출하지 않을 것(No Export)이다.[1]

북핵 협상이 장기적으로 중단되어 있기 때문에, 동결을 포함하는 '초기이행조치'에 대해서는 가시적인 성과가 필요하다. 초기이행조치가 서로가 협상의 의지를 표현하는 수단으로 너무 미흡한 수준이면 과거 실패한 협상에서 확인된 '가역성'의 위험에 직면할 수 있다. 다른 한편으로 북한은 동결의 상응조치에 대해 과도한 요구를 할 가능성이 있는데, 한·미·중 삼자 협상을 통해 초기이행조치의 협상 전략을 마련할 필요가 있다.

6자회담의 재개를 모색하면서, 한반도 평화체제의 중요성을 재평가할 필요가 있다. 6자회담의 재개와 동시에 한반도 평화협정 체결을 위한 4자회담을 시작할 필요가 있다. 9.19 공동성명은 우선적으로 '한반도 평화체제 논의를 위한 별도 포럼'의 구성을 합의한 바 있다. 4자회담은 이미 1990년대 후반에 열린 적이 있다.[2]

이미 중국이 비핵화와 평화협정을 병행 논의하자고 제안한 바 있고, 북한 역시 '평화협정' 논의를 매우 중요하게 요구하고 있다. 4자회담은

---

1 해커 박사의 주장에 대해서는 Hecker, 2010를 참조

2 1996년 미국의 클린턴 대통령과 김영삼 대통령이 4자회담을 제안해서, 1997년부터 1999년까지 제네바에서 남북한과 미국, 중국이 참여한 4자회담이 열렸다. 당시 논의 과정에서 평화협정을 다루는 '제도분과'와 실질적인 평화정착을 다루는 '군사적 긴장완화 분과'를 구성했다.

북한을 6자회담에 참여시킬 수 있는 '협상 수단'이며, 동시에 북핵문제 해결의 촉진 수단이다.

2) 대북정책의 분권화

미국이 북한에 대해 포괄적인 제재를 하면서도 관광이나 인적 접촉을 허용하고 있음을 주목할 필요가 있다. 이산가족 만남이나 대북인도 지원 사업에서 대한민국 국적을 가진 사람은 북한을 방문할 수 없지만, 미국 시민권을 비롯한 대부분의 외국 국적을 가진 사람은 북한 방문이 가능하다.

민간교류 분야는 일반적인 제재의 대상이 아니고, 북한은 민간과 정부를 구분할 수 없기 때문에, 민간교류가 동시에 북한 정부의 의도를 파악할 수 있는 기회이기도 하다. 민간교류에 대해서는 민관분리 원칙이 필요하다. 북한주민 접촉을 비롯해서 남북교류에 관한 법률과 관련, 모법인 남북교류협력법이 존재하는 상황에서 하위법인 시행령이나 고시를 적용해서 정부가 통제하는 것은 바람직하지 않다.

또한 중앙정부가 지방자치단체의 교류를 엄격하게 통제하는 것은 지방자치의 원칙과 어긋난다. 지방자치 단체는 중앙정부의 정책 방향과 완전히 자유롭지 않지만, 일정 부분에서 분권의 권한이 허용되어 있다. 그런 차원에서 남북교류 분야에서 모든 권한을 중앙정부가 행사하는 것은 바람직하지 않다.

독일 통일과정에서 도시 교류는 매우 중요한 역할을 했다. 남북관계에서도 도시교류의 중요성을 재평가할 필요가 있다. 우선적으로 접경지역들은 대부분 현안들을 가지고 있다. 분단된 강원도는 오랫동안 도

차원에서 혹은 기초단체 차원에서 도시교류를 추진한 적이 있고, 서울이나 경기도, 인천도 마찬가지다. 충분한 경험이 축적되어 있고, 자체적으로 남북교류에 관한 조례가 만들어져 있고 기금도 적립되어 있다.

남북교류협력 법제에서 지방자치 단체의 위상과 역할을 강화하는 것이 중요하다. 남북교류협력법이 제정될 당시부터 지방자치단체가 남북한 교역당사자 규정을 통해 법률상 남북교류 주체로 명기했으나, 2009년 1월 30일 개정을 통해 이 조항이 삭제된 후 현재까지 이어지고 있다. 따라서 지방자치단체를 남북교류 주체로 명기하는 방향으로 남북교류협력법을 재개정할 필요가 있다. 또한 지자체 간 협력체계 구축도 필요하다.

3) 신 북방경제의 필요성

북방경제 구상은 최소한 노태우 정부 때부터 우리가 의욕적으로 제시해 온 국가발전 전략의 하나였지만, 그동안 남북신뢰 관계가 뒷받침되지 못했기 때문에 실현되지 못했다.

기존의 북방경제는 남북신뢰의 부족으로 남북경제협력과 대륙경제와의 연계가 불명확하고, 북방경제를 추진할 수 있는 한국경제의 구조변화를 중시하지 않았다. 이에 따라 북방경제의 새로운 접근이 필요하다.

첫째, 남북신뢰를 중심으로 추진이다. 대륙철도를 연결하고 러시아의 전력과 가스관을 연결하려면 북한을 통과해야 한다. 북한이라는 다리를 건너지 않으면, 한국은 유라시아 대륙으로 갈 수 없기 때문에, 남북관계 개선에 대한 확고한 의지가 있어야 유라시아 협력이 가능하다.

둘째, 한국경제의 구조를 분단경제에서 북방경제로 전환이다. 그동안 한국은 분단의 섬으로 살아왔기 때문에, 철도가 아니라 도로 중심의 교통체계를 유지해 왔다. 남북경제 협력이 중단되면 한국의 중소기업이 가장 큰 고통을 받았고, 북방경제는 한국 중소기업의 미래와 직접적으로 연결되어 있다. 북방경제를 한국경제의 구조변화의 계기로 삼아야 한다. 교통체계를 혁신하고, 중소기업을 살리고, 북방경제를 지향하는 지역발전 전략이 필요하다.

셋째, 다자간 국제협력의 활성화이다. 21세기 초국경 협력은 세계적 현상이지만, 동북아시아는 여전히 과거의 정치군사적 국경이 새로운 경제협력을 가로막고 있다. 동북아시아는 초국경협력의 사각지대로 남아 있다. 남북을 가르는 DMZ와 한반도와 대륙을 가르는 두만강·압록강이 대립의 경계가 아니라, 새로운 접촉의 공간으로 변화해야 한다. DMZ의 생태환경 보존과 평화도시 건설과정에 유럽 국가들이 참여하고, 두만강의 새로운 경제협력을 위해 북·중·러 삼국뿐만 아니라, 다양한 형태의 다자협력을 추진할 필요가 있다.

4. 대북정책과 '합의의 정치'

언제나 내부협상은 대외협상의 수단이다. 그러나 정책 결정과정에서 '공론화'의 필요성에 대한 이해는 대체로 부족하다. 공론의 문화적 경험도 부족하고, 제도도 미흡하다. 이런 현실에서 내부협상은 대체로 남남갈등의 무대로 작용한다. '사드문제'나 '대북정책'도 마찬가지다. 민주적 합의형성 과정을 통해 과거의 남남갈등이 아니라, 미래지향적인 '대외 협상력'을 어떻게 확보할 것인지가 매우 중요하다. 문재인 정부는 '남북관계 발전에 관한 법률'을 비롯해서 초당적 협력의 제도들을 적극적으로 활용할 필요가 있다. 20대 국회에 이미 설치되어 있는 남북관계특위도 정상적으로 활동을 할 필요가 있다. 남북관계발전위원회에서 중장기적 남북관계의 발전 방향을 제시하고, 국회의 남북관계특위가 주요 쟁점들의 국민적 합의를 추구할 필요가 있다. 이미 존재하고 있는 초당적 협력을 위한 제도를 국민적 합의 형성 기회로 활용해야 한다.

대북정책의 합의 형성을 위해서는 이념적 접근에서 실용적 접근으로 전환할 필요가 있다. 색깔론에 입각한 이념적 접근은 시대착오적이고, 민주주의 원칙에 포함되어 있는 공론의 철학에도 부합하지 않는다. 이념적 접근은 주로 진보와 보수라는 가치로 접근한다면, 실용적 접근은 문제 해결형 접근으로 볼 수 있다. 북핵문제를 어떻게 해결할 것인지, 이산가족 문제를 어떻게 해결할 것인지, 혹은 북방경제를 어떻게 추진할 것인지에 대한 방법론 중심의 토론은 얼마든지 가능하고, 합의 형성에 도움을 줄 것이다.

공론의 장에서 가장 중요한 주체는 정부다. 정부가 정책결정 과정에서 정보를 공개하고 국회의 기능을 중시하고 시민사회와 협치를 하고자 하는 의지가 중요하다. 냉전시대의 대북정책에서 벗어나, 민주주의 원칙에 충실한 대북정책의 형성이 시대의 요구라는 점을 잊지 말아야 한다.

■ 참고문헌

임동원. 2008. 『피스메이커: 남북관계와 북핵문제 20년』. 중앙북스.

Hecker, Siegfried S. 2010. "Lessons learned from the North Korean nuclear crises." *Daedalus* 139(1): 44–56.

제2장

위기의 대북정책, 김대중 정부에게 묻다

최종건 | 연세대학교 교수

1. 서론: 지금도 어렵지만 그때도 어려운 대북정책

문재인 정부는 민주정부 3기를 자임한다. 김대중 대통령 시기, 국민의 정부와 노무현 대통령 시기, 참여정부의 정치적 연속성을 계승하고자 한다. 국민의 정부와 참여정부가 공통적으로 실행한 남북화해와 협력을 문재인 정부가 얼마나 계승하고 발전시킬 수 있는가가 민주진영의 중요한 관심 사항이다. 북한의 핵과 미사일 능력은 지난 10년간 저지되지 못했다. 보수정부 기간, 미국과 한국은 북한을 압박하고 제재하기 위한 관계망 등(예를 들어, "국제공조", "한미동맹차원", "한미일 군사협력")을 구축하였다. 협상과 대화가 가능한 구조를 만들어내지 못했다. 반면에 대화와 협상을 위한 포용과 관여를 위한 네트워크는 존재하지 않았다. 지난 두 보수정부 기간 남북한의 적대적 관계는 고착화되었다. 군사적 긴장과 위기는 남북한 적대적 관계를 규정한다. 적대적 관계는 국민의 대외 위협인식을 강화시켰고, 남북한 양측의 위협인식은 오로지 양측에 대한 강경정책을 정당화하는 국내정치 구조를 양산했다. 정권은 관계의 적대성과 강화된 위협인식을 바탕으로 상대에 대한 제재와 압박 정책을 강화했다. 북한의 핵무기는 국가의 존재 목적이 되었다. 제재와 압박, 그리고 방어와 억제는 군사적 긴장을 일상의 형태로 지속시킨다. 북한은 핵과 미사일 개발을 자신의 생존과 등치시켰다. 남한은 제재와 압박을 강화하였다. 남북한 정권에게 가장 확실하고 안전한 정책은 제재와 압박 그리고 군사적 긴장 조성이었다. 화해와 협력 그리고 대화는 나약한 비굴함과 불순한 종북론으로 제한되었다. 북한 역시 오로지 핵과 미사일을 개발해야 한다는 신념을 강화하였다. 이것이 바로 남북한이 지난 10년 남짓 연출한 모습이며 문재인 정부는 매우 어려운 대북정책 환경에 놓여 있다.

오랜 갈등과 반목을 지속하고 상대방에게 군사적 위협을 가하는 관계를 적대관계라고 한다. 이 적대관계에서 화해와 협력은 최고정책결정자인 대통령이 내려야 할 매우 어려운 정치적 결단이다. 오랜 기간 형성된 적대관계는 압박과 제재가 매우 익숙한 정책으로 국민과 정책전문가와 정책관료들의 인식에 자리 잡게 되었기 때문에 정책적 지지기반을 구축하기 어렵다. 제재와 압박에서 화해와 협력이라는 정책 선회는 정치 공학적인 차원에서도 매우 어려운 결정이다. 일상화된 적대적 관계에서 화해와 협력이라는 정책적 선회는 국내 여론의 강한 비판을 받기 때문이다. 게다가 새로운 화해 개념은 정치적으로 취약하다. 오래 유지된 봉쇄 정책의 개념이 관습적으로 견고한 지지를 받는 데 비해, 화해와 협력이라는 정책적 결단은 그 개념과 정책적 수단에서 매우 낯설게 느껴지며, 낯선 정책은 비판의 대상이 되기 쉽기 때문이다. 타성은 변화보다 강력하다. 오랜 갈등 관계에서 적국과의 화해 개념은 정치적 불모지에 뿌리내려야 하는 어려움이 있다.

문재인 정부는 이러한 어려움 속에 민주정부의 중요한 정체성인 화해와 협력 그리고 대북포용정책을 계승할 것이라고 자임한다. 쉽지 않을 것이다. 대북포용정책이 북한에 변화를 가져올 수 있을지 여부는 여전히 한국사회에서 뜨거운 논쟁거리이다. 종북론과 동맹강화론의 상호연관성은 높아졌다. 대한민국 정부의 대북정책은 미국과 반드시 사전 협의해야 한다는 인식이 높아졌다. 또한 북한은 핵과 미사일 개발을 가속화하고 있다. 단절된 지난 10년간의 남북관계로 인해 북한의 의도와 비핵화 비전에 대한 실질적 정보 또한 사실상 부재하다. 그러나 김대중 정부가 출범한 1998년으로 돌아가 보면, 그때는 지금보다 더 어려운 정치적 환경 속에 대북포용정책을 추진하였다는 점이 함의하는 바가 매우 크다. 지금도 어렵지만 그때는 더 어려웠다는 것이다.

김대중 정부의 대북포용정책(일명 햇볕정책)은 우리 사회의 보수 진영으로부터의 격렬한 반대에 부딪혔다. 김대중 정부 이전까지 한국의 대북정책에는 화해와 협력이라는 개념이 부재했다. 제재와 압박 이외에 또 다른 선택이 가능하다는 인식 자체가 매우 낯설었다. 이는 국내 정책뿐만 아니라, 한미 간에도 매우 새로운 정책 개념이었고, 한미 간의 대북정책 조율차원에서 많은 이견이 노출되기도 했다. 국내 보수 세력은 이를 한미공조의 약화와 함께 동맹체제 균열이라고 표현하기도 했다. 북한 또한 남북 간의 화해와 협력을 낯설어 하였고, 남북 간의 깊은 불신의 골이 한순간에 사라질 수도 없었다. 따라서 대북포용정책 환경은 남한사회의 인지적 부조화와 정치적 공감 부재 그리고 국제사회의 비판으로 매우 척박할 수밖에 없었다. 그럼에도 불구하고 김대중 정부는 "대북 퍼주기"라는 비판을 감수하면서 지속적인 대북포용정책을 진행하였다. 이를 통해 남북분단사에 한 획을 기록한 제1차 남북정상회담을 성사시켰고, 6.15 공동선언을 이룩한 것이다. 문재인 정부의 과제는 대화와 협력이라는 민주정부의 정체성을 얼마나 대북정책에 반영할 수 있는가이다. 앞서 밝힌 것과 같이, 2017년의 정책 환경은 매우 어렵다. 그러나 그때는 더 어려웠다. 김대중 정부의 혜안과 철학이 다시금 조명되는 이유가 여기에 있다.

〈표 1〉 김대중 정부와 문재인 정부의 대북정책환경 비교 (필자 구성)

	김대중 정부	문재인 정부
국내정치	최초의 수평적 정권이동 / 보수정부 이후의 최초 민주정부	촛불민심 / 10년 남짓의 보수 정부 이후 탄핵 이후 등장
국제정치	클린턴 행정부에서 부시 행정부로 정권 이양 / 9.11 이후 악마의 축으로 북한 편입	트럼프 행정부와 아베 정권 / 동맹 주도 대북 억제 체제 유엔 대북 제재 강화
한미관계	클린턴 시기 정책 공조 출연 했으나, 부시 행정부 시기 난항	사드 체계 배치 난항
북한핵	초기 단계 / 협상의 여지 존재 / 기술적 진화 미비	무기화 단계, 미사일 능력 강화 / 핵무기 보유국 천명 / 비핵화 난항
북한정권	김정일 정권 / 정보 획득 가능	김정은 정권 / 정보 획득 어려움
남북관계	남북관계 개선기 / 민간 및 인도적 지원 초창기 / 정경분리 가능	남북관계 단절기 / 상호 불신 최고조 / 정경분리 난항
대북인식	제재와 압박의 정당성 강함 / 대북 위협인식 변화기	대북 군사 위협인식 고조 / 대북협상 피로감 고조 / 대북불신 높음
대북포용 정책국민 인식	낯섦	대북퍼주기, 종북론, 반동맹인식 등

2. 김대중 정부의 대북포용정책 전개와 전파: 핵심가치와 정책수행체계

대북포용정책의 가장 큰 공헌은 화해와 협력이 가능한 대북정책이 될 수도 있다는 인식 전환을 가능하게 했다는 것이다. 제재와 압박 이외에 다른 정책 선택을 통해 남북한의 관계개선 및 북한의 비핵화가 가능하다는 정책수단의 폭을 확대 시킨 것이 바로 대북포용정책이다. 이는 곧, 제재와 압박 정책에 익숙했던 국민과 전문가들을 설득해야 하는 국내정치적 과제를 스스로 발굴한 것과 같다. 김대중 정부가 남북 간의 화해와 협력을 통해 한반도의 평화와 안정을 구축하려는 역할을 자임한 것이다. 즉, 대한민국 정부의 역할이 평화촉진자라는 새로운 정체성을 스스로 부과한 것이다. 타성적으로 지속된 적대적 관계를 전환시키고자 했던 새로운 역할을 모색한 것이 김대중 정부였다.

김대중 정부가 지향했던 대북포용정책의 목적이 한반도의 평화와 안정이었다면 이를 위한 수단은 대화와 협상이었다. 이러한 혁신적인 정책 선회는 국내정치적 환경에서 많은 반대에 직면하게 된다. 이러한 상황에서 국정최고책임자의 확고한 신념과 함께 이를 논리화하고 정책화하는 최측근 그룹이 필요하다. 이를 혁신적 정책그룹이라고 한다. 이 혁신그룹은 대북정책에 화해와 협력이라는 새로운 정체성을 부과하고 국민과 기존의 정치권을 설득해야 하는 과제를 수행한다. 특히 김대중 정부 시절, 북한에 대해 화해와 협력을 강조하는 정책은 기존의 사고체계와 보수 세력과의 정치적 경쟁을 통해 정책적 지지기반을 조성해야 하는 난제를 풀어내야 했다.

김대중 정부의 대북정책 핵심가치는 화해였다. 화해란 현재는 물론 과거의 앙금을 양측이 해소하고 미래에 보다 협력적인 관계를 도출하기 위한 인식적, 정치적 합의이다. 화해정책은 이를 유도하기 위한 국가의 안보정책이기도 하다. 대북포용정책은 화해정책이기도 하다. 평화공존이라는 새롭지만 매우 낯선 국가안보 목표를 설정하고 이를 이루기 위해 여러 관여(Engagement) 정책을 구사해야 한다. 따라서 안보정책으로 화해는 매우 어려운 정책이다. 국가의 안보정책을 억지를 바탕으로 한 강성정책에서 평화적 공존을 위한 포용정책으로 전환해야 하는 정책적 과제가 도출되기 때문이다.

정책적 과제로서 화해를 안보정책으로 추진하기 위해서 정부는 국가 이익, 위협 인식 및 북한을 다루는 정책과 같은 세 가지 핵심 영역을 재구성해야 한다. 정부는 어떠한 경우라도 한반도에서 불필요한 전쟁을 용납하기 않겠다는 평화의식이 투철해야 한다. 이를 통해 북한과 협력을 진행할 수 있다는 정책적 당위성을 도출한다. 정부와 관료 그리고 지식인 집단에서 화해가 제재와 압박보다 더욱 안정적인 국가 이익을 달성하는 데 도움이 된다는 논리를 개발한다.

〈표 2〉 김대중 정부의 대북포용정책 핵심가치: 화해의 정책적 구성

화 해	
국가 이익	억지에 의한 적대감 → 평화적 공존을 위한 포용
위협 인식	적: 봉쇄를 위한 위협 → 포용을 위한 기회
행동 프로그램	엄격한 상호주의 → 포괄적 상호주의

이는 곧 북한에 대한 제재와 압박과 같이 전통적인 대북전략이 국가 이익에 부합하지 못한다는 국내용 설득 논리를 만들어야 한다는 과제

가 생긴다는 것을 의미하는 것이다.

김대중 정부는 이와 같이 대북정책을 억제에서 화해로 전환시키고자 했다. 이를 위해 남북화해를 국가의 핵심 안보이익으로 설정한다. 이는 북한에 대한 인식을 '협력과 협의가 가능한 상대'로 인식하고자 했던 통찰의 산물이기도 하다. 즉, 북한을 위협에서 기회로 인식하려 했던 것이다. 김대중 정부의 대북포용정책은 자연스레 북한에 대한 위협인식을 재설정한다. 강력한 동맹과 국방정책을 기본으로 하되, 이를 바탕으로 북한에 대한 적극적 관여 정책을 실행하였던 것이다.

김대중 정부 시기 대북정책의 핵심가치인 화해와 협력을 정책적 규범으로 구축하기 위해서 대북포용정책의 설계자 및 기획자, 수행자들은 총력을 기울였다. 제도적으로 국가안전보장회의(NSC)를 구축하였다. NSC를 통해 정부의 대북정책을 통합적으로 조율하였으며, 국가정보원을 활용하여 평양과의 물밑 대화와 협상을 시도하고 통일부로 하여금 대북사업을 주도하게 하였다. 외교부는 대북포용과 화해의 당위성을 미국은 물론 국제사회에 적극적으로 설득하였다. 또한 집권 여당인 민주당을 통하여 국내 여론을 환기시키기 위해 노력하였다. 총력적으로 대북정책을 실행할 수 있었던 것은 김대중 대통령의 국정철학을 이해하고 수행할 수 있었던 최측근 임동원이 존재했기 때문에 가능했다. 집권 기간 동안 임동원은 통일부 장관과 국정원장으로서 효율적으로 대북정책을 통합 운영할 수 있었다. 대한민국의 안보정책이 남북한의 관계 개선과 한반도의 불확실성을 최소화해야 한다는 신념이 강했다.

김대중 대통령의 재임 기간 동안 학자그룹의 역할 또한 두드러졌다. 특히 문정인과 이종석은 햇볕정책 전도사로서 국내와 국제적 여론을 햇볕정책에 우호적으로 조성하기 위한 역할을 수행했다. 이후 이들은 노무현 대통령의 포괄적 포용정책을 유지하고 강화시키는 과정에서도 매우 중요한 역할을 담당하였다. 김대중 정부에서 노무현 정부로 이양되는 과정에서 김대중 대통령의 마지막 통일부 장관이었던 정세현은 14개월 동안 역임하였다. 그의 역할은 정부 이양 과정에서 햇볕정책의 제도적 지속성이 보장되도록 하는 것이었다. 제1차 남북 정상회담 당시 역임하였던 박재규 통일부 장관은 2000년 북한대학원대학교를 설립하였다. 학교의 졸업생들은 남북 교류 전문가들로 훈련되면서 한국 사회 전반에 걸쳐 포용정책의 확산을 가능하게 하는 기반으로 작용하였다.

노무현 대통령이 재임하는 동안 이종석은 대북정책을 조율하는 '컨트롤 타워'의 막중한 역할을 담당하였다. 국가안전보장회의의 사무차장을 역임하면서 그는 남북 간 협력 과정에서 통일부, 외교부, 국방부의 역할을 강화하였고, 후에 그는 통일부 장관으로 임명되었다. 열린우리당의 대권 후보였던 정동영은 2004년부터 2005년까지 통일부 장관이 되었다. 문정인은 동북아 시대 위원회의 위원장을 역임하며 노무현 정부의 포용정책과 외교 정책의 논리적 기반을 강화하는 역할을 담당하였다. 이와 같이 햇볕정책의 지지자들은 연합 단체를 형성하여 함께 힘을 모아 일하는 것뿐 아니라 정부 내 중간 기술 관료들과의 네트워크를 형성하여 나갔다. 이러한 연합 체제가 대북포용정책의 가치를 대중에게 설득할 수 있는 캠페인을 확산시키는 역할까지 담당하였다. 즉, 대북포용정책의 연합체계는 북한 정권을 비인도적이고, 무책임하며, 불량적이고, 공격적이라는 이미지에서 북한이 협력 가능한 한반도의 실체적 동반자로 인식 할 수 있는 지평을 열게 하는 데 기여했다고 할 수 있다.

3. 햇볕정책의 기억

지난 9년간의 이명박·박근혜 정권은 '북핵 불용'이라는 원칙만을 고수하고 구체적인 해법을 제시하지 못했다. 북한의 불량 행동이 거듭될수록 구체성이 결여된 원칙은 교조적으로 변이되었다. 교조적인 북핵 불용은 설득과 예방이라는 외교의 기본 원칙을 불용하였다. 더욱이 북한 급변 사태와 붕괴론에 근거한 '한반도 통일 대박론'은 북핵이라는 가장 중요한 문제를 해결할 수 있는 방안보다는 통일이라는 초현실적 환상을 우리에게 덧씌웠다. 우리는 북한의 핵을 관리하는 데 실패하였다. 북한의 신념 체계는 핵무기 소형화와 경량화 추구이다. 지난 5차례의 핵실험과 중장거리 미사일 발사는 북한의 핵무장 안보 신념이 핵능력으로 현실화되고 있음을 증명한다. 그만큼 핵문제는 더 복잡해졌다. 그러나 우리의 대북 핵 대응은 퇴행적이었다. 우리는 미·일과 한편에 서고, 중국에 "북한을 좀 혼내라"고 이야기할 뿐이다. 이 높은 대외 의존을 우리는 국제공조라고 부른다. 한편으로 수많은 방송채널에서 온종일 빈약한 대북정보를 가공한 해설과 소설이 난무하여 극도의 안보 불안감을 부추겼다. 북한의 현실화되는 핵능력과 상대적으로 커져만 가는 우리의 대북 무력감은 '북한아 망해라'라는 주술만 외우게 했다. 북핵 문제에 대한 구체적이고 실효적인 해법을 찾아볼 수 없는 상황 속에 있는 것이다.

북한은 핵보유 국가이다. 북한 체제는 존속될 것이다. 북한은 새로운 전략과 행동을 끊임없이 보여줄 것이다. 북한은 핵실험 직후 미국에 위협정책을 폐기하지 않는 한 핵무장은 포기할 수 없다고 못박는다. 미국은 북한과의 협상에 당장 나서지 않을 것이다. 그사이 북한의 핵무장

신념 체계는 더욱 강화될 것이다. 한·미·일 협력체계가 강화될수록 중국에 북한의 전략적 가치는 높아진다. 중국은 북한을 함부로 제재할 수 없을 것이다. 결국 북핵 문제는 오랜 시간 평화적 해결의 실마리를 찾을 수 없을 것이다. 우리는 북핵을 관리하고 평화적으로 해결할 수 있는 구체적인 비핵화 로드맵을 제시해야 한다. 대북 포용과 교류, 6자회담 재개, 그리고 강압과 억제라는 모든 정책 스펙트럼이 동등하게 평가되고 논의되어야 한다.

김대중 정부와 노무현 정부는 외교적으로 6자회담을 통해 한반도 비핵화를 실현할 수 있는 기틀을 마련하였다. 즉, 우리가 한반도 환경을 평화적으로 관리할 수 있는 유리한 환경을 조성할 수 있었고, 대한민국 정부가 주도하는 한반도 질서를 구축할 수 있었다. 향후 동북아 정치가 다시 강대국 정치로 치닫게 될 경우, 한반도의 운명은 우리의 의지와 상관없이 결정될 수 있다. 그렇다면 우리는 과거와 마찬가지로 강대국 국제정치가 던져주는 운명을 일방적으로 소비할 것인가? 아니면 우리의 운명을 스스로 선택하고 주도해 나갈 것인가? 이것이 바로 김대중 정부가 문재인 정부에게 던지는 엄중한 질문이다.

대한민국 국익의 중요한 축이 남북관계의 안정화에 있다고 동의한다면, 우리가 주도하는 한반도의 자생적 평화 노력을 결코 간과해서는 안 될 것이다. 이를 위해 무엇보다 지난 9년 남북관계의 파국으로 더욱 확대되고 있는, 미국과 중국 그리고 일본이 빚어낸 강대국 국제정치가 얼마나 대한민국의 국익 실현에 공헌했는지 냉철히 평가해 볼 필요가 있다. 그렇기 때문에 지난 9년간 우리는 햇볕의 추억을 더욱 소중하게 느꼈는지 모르겠다.

4. 지속가능한 대북포용정책을 위한 제언

북한은 무력을 가진 군사적 실체이자 대화의 대상이기도 한 정치적 실체이다. 지난 9년 동안 북한에 대한 제재와 압박은 내용면에서 풍부해졌다. 반면, 대북포용정책의 내용은 선언적인 수준에서 대화와 협력이라는 필요성만 강조하게 되었다. 권력을 잡지 못한 지난 9년간의 세월동안 대북포용은 종북론으로 매도당한 면도 있다. 그러나 대북포용정책 그룹이 갖고 있는 내성적 문제 또한 직면해야 할 것이다. 먼저, 대북포용의 기억은 선명하나, 이를 2017년이라는 정책적 환경에 맞추어 변화시켜야 한다. 즉, 과거의 대북 대화 경험과 이 경험으로 비롯된 추상적 관념을 한층 현실적 정책으로 전화시켜야 한다.

그러나 우리에게 문제는 지난 9년간 신념체계로서 대북포용정책을 확장시키지 못했다는 것이다. 학계는 대북포용정책을 심화 발전시키지 못했다. 포용과 협상의 당위성을 강조했을 뿐, 이를 악화된 환경 속에 혁신하고자 하는 세력과 논리는 부족했다. 김대중과 노무현 정부 시기의 활동가와 정책결정자들은 그들의 경험과 지식을 전수할 새로운 인물들을 양성하지 못했다. 이들 역시 종북론의 덫에 갇혀 새로운 구상을 적극적으로 하지 못하기도 했다. 반면에 보수정부 기간 보수정책을 연구, 심화하는 많은 정책 연구소가 등장한 반면 북한포용정책을 계승하고 연구하는 정책 연구소를 찾아보기 힘들다. 이는 곧 대북포용정책이 소수의 신념으로 남을 가능성이 농후하다는 것을 의미한다.

문재인 정부 기간 동안 가장 중요한 과제는 대북정책에 포용적 요소를 구축하기 위해 얼마만큼의 인프라를 구성할 수 있겠는가이다. 김대중 정부가 과감하게 발굴했던 인물들, 과감하게 추진했던 정책들, 그리고 진중히 유지했던 대북정책 기조는 여당과 시민사회단체, 청와대, 그리고 학계와의 유기적 관계를 통해 이루어졌다. 아직, 한 달 정도 밖에 되지 않은 문재인 정부이지만, 대북포용정책의 정신과 지속가능성을 위한 과감하고 진중한 통찰을 기대해 본다.

제Ⅲ부

6.15의 계승과 혁신: 문재인 정부의 통일, 외교, 안보 정책 제언

제1장

전략적 인내 시대의 종언과 협약식 대북 정책

이정철 | 숭실대학교 교수

문재인 정부가 취임했다. 인수위 과정 없이 바로 직을 맡은 새 대통령은 위기에 빠진 한국호를 끌고 가는 국난 극복의 리더십을 발휘할 것을 요구받고 있다. 그러나 지난 정부에서 중요한 권력 행사 메커니즘을 방기, 상실하고 특정 세력에게 포박당한 국가는 조정 위기를 극복하는 주체로 나서기 쉽지 않고, 다양한 정치 경제 주체들은 누적된 적폐로 경쟁력을 상실해 가고 있다. 이런 기초 여건의 한계를 그대로 반영하듯 외교 역시 실패에 실패를 거듭해 왔고, 비대칭 전력 분야에 국한된 것이긴 하지만 남북 간 비대칭 전력에서의 열패 구도는 분명해지고 있다. 한미동맹이 '핵심동맹'이 아니라 '파트너십' 수준으로 전락되었고, 신흥대국으로 자처하는 이웃 나라가 공식 비공식 제재를 가해 와도 꿀 먹은 벙어리로 전락해 있는 우리 외교 안보의 현실을 목도하며 "미-중 모두에게 동시 구애받고 있다"는 전직 외교부 장관의 어록이 떠오르는 것은 필자만의 탄식이 아닐 듯하다. 나아가 연일 새 형의 '다종화된' 미사일을 쏘아대는 북한을 보며 실패한 실험이라는 입에 발린 평가 외에는 제대로 된 분석도 내놓지 못했던 전 정권의 안보 인식에 대한 실망은 끝이 없다.

이제 문재인 정부의 통일 및 대북 정책의 방향을 논하기 위해 필자는 먼저 지난 정부의 대북 정책들을 역사적으로 검토할 것이다. 그리고 대북 정책의 전제가 되는 대북 '인식'에 대한 대안을 검토하고자 한다. 왜 지난 10년 보수 정권과 오바마 행정부의 정책 조합인 전략적 인내가 실패했는지 그 전제가 되는 인식론적 편향을 검토한 후에, 대북 및 통일 정책의 원칙을 제시하고자 한다. 그리고 끝으로는 대북 정책의 핵심이 되는 북핵 문제에 대한 제언을 담을 것이다

1. 과거 정부의 대북 정책 특성[1]

한때 남북관계와 통일 외교를 동시에 성공적으로 진전시킨 보수정부의 모델케이스로서 노태우 정부의 대북 정책과 북방 정책을 벤치마킹해야 한다는 연구가 활성화되었다(강원택 외, 2013). 노태우 정부는 탈냉전의 소용돌이 가운데에 한국의 외교 역량을 최대한 활용하여 대중, 대소 수교를 통해 대북 우위를 확립하고 동시에 비약적 경제 도약과 민주화를 이룩한 시기로 평가되기 때문이다. 그러나 동시에 이 시기는 각각 '성공한' 대북 정책과 '성공한' 북방 정책이 상호 교차점을 찾지 못하여 분단체제의 전환점을 마련하지 못한 시기이기도 했다. 1992년 8월 한중 수교를 계기로 북방정책이 돌연 대북 승리 테제로 전환되더니, 남북 (총리)고위급회담 결렬, 이선실 간첩 사건 발발 그리고 92년에

1 이정철(2015)을 일부 수정한 것임.

일시적으로 중단했던 팀스피리트 한미합동군사연습을 재개하기로 하는 등 일련의 정책 파열음이 발생했다. 이 과정에서 국내의 통일 기반 강화를 명분으로 만들어진 보수 3당 합당 체제는 대통령 선거라는 계기를 맞아 남북관계의 진전보다는 보수의 확장적 재생산을 선택하였다. 국내정치과정의 정당화가 남북관계보다 중요했고 결국 국제관계는 이에 조응하여 북한을 고립시키는 방향으로 정렬되었다.

당시 북한 당국의 고립감(siege mentality)은 곧 체제 생존을 위한 핵게임으로 드러났고, 이 과정에서 김영삼 정부의 대북 정책은 미국과 통하고 남한을 봉쇄한다는 북한의 소위 '통미봉남' 정책과 상호 대립하며 '적대적 상호의존'[2]이라는 독특한 남북관계 현상을 낳았다. 임기 초부터 '세계화' 구호를 내건 김영삼 정부의 외교 정책은 남북관계의 중요성을 가장 저위에 둠으로써 임기 내내 긴장된 남북관계와 씨름하게 되었다.

김영삼 정부 시절의 오랜 동면기를 끝내고, 김대중 정부는 국내정치와 남북관계 그리고 국제관계를 한 방향으로 정렬시키고자 하였다. 소위 햇볕론에 기반을 둔 대북 정책과 외교를 진행해 6.15 남북정상회담이라는 소기의 성과를 거둔 것이다. 국내정치 지형의 벽을 넘지 못하고 '퍼주기' 논란에 시달렸지만 김대중 정부의 햇볕론은 대북 관여 정책을 중심으로 국내, 국제, 남북관계라는 3가지 수준을 일관성 있게 배열하고자 한 점은 분명했다. 김대중 정부의 외교·통일 철학은 (신)기능주의적 통합을 정책의 중심에 두고 국제관계와 국내정치를 이에 동원하고자 한 데 특징이 있었다.

2 남북 당국이 상호 적대적이면서 서로의 존재를 필요로 하는 관계라는 것을 의미한다. (이종석, 1988:23-53)

1) 평화와 지역, 세계로 그리고 다시 통일로

그러나 9.11 이후 변화된 세계정세에 대응하는 과정에 노무현 정부는 햇볕론적 관여 정책을 지양하고자 했고, 그 과정에 참여정부는 두 가지 차원에서 햇볕정책과 차별화를 시도하였다. 먼저 참여정부는 (신)기능주의적 접근의 종착점(end-state)을 통합이나 통일보다는 평화 공존에 두고자 한 점에서 경제평화론[3]적 발상을 더욱 강조하였다. 동시에 '동북아 중심' 등 지역주의 전략과의 결합을 통해 민족 및 통일 논의의 과잉을 경계하고 남북관계와 국제관계의 중간 영역을 개척하고자 하였다. (이정철, 2008:152) 노무현 정부의 평화번영정책과 동북아 중심론이 탄생한 배경이었다.

참여정부의 평화번영정책은 '평화 공존'과 '공동 번영'을 남북관계의 지향점으로 하겠다는 것이었다. 이는 경제협력의 무게 중심을 통일이나 민족공동체의 통합보다는 평화 공존에 있음을 분명히 한 것이었다. 공동 번영을 강조한 것은 남북 협력이 분명한 공동이익(common interest)을 창출할 때에만 유의미하다는 의지의 표명이었다. 이는 결국 절대수익(absolute gain)보다는 상대수익(relative gain)에 관심을 표명하는 것이어서 햇볕정책에 비해 보다 현실주의적인, 따라서 상호주의 교리를 강조하는 데로 기울었다.

한편 노무현 행정부는 동북아 중심국가론, 동북아 중심론에 이어 동북아 균형자론에 이르기까지 역대 어느 정부보다도 '동북아 지역성

---

3 '경제평화론'이란 한마디로 교역 이익의 창출이 무력사용을 억제시켜 평화를 증진시킨다는 논리이다. (Barbieri and Levy, 1999:464)

(regionness)'에 대한 강한 애착을 드러냈다. 노무현 정부의 동북아론은 글로벌주의로부터의 퇴행이라는 평가를 받을 수 있는 민족주의나 통일-통합정책을 벗어나, 지역주의와 평화론을 결합시킨 새로운 접근법이라는 데 의의가 있었다.[4] 당시에 시작된 6자회담 체제와 결합되면서 나름대로 지역주의 패러다임을 확산시키는 데 일조하였지만, 6자회담이라는 비핵화 안보 레짐과 동북아 지역화 간의 정체성 차이는 심각했고 특히 이 같은 비전통적 접근법에 대한 북한의 몰이해는 종종 남북관계에 파열음을 내는 결과를 낳기도 했다. 심지어 지역으로서의 동북아 개념은 동북 3성의 분리를 경계하는 중국이나 동아시아 개념을 강조하는 일본 모두로부터도 환영받지 못하였다. 특히 미-중간 균형 외교를 위해 한미동맹을 희생시킬 수도 있다는 의미로 받아들여진 동북아 균형자론(balancer)에 대한 미국의 비판은 노무현 정부를 매우 당황스럽게 하였다. 노무현 대통령은 뒤늦게 자신이 의미한 균형자 역할은(김기정, 2005) 동북아의 양강 즉, 중국과 일본 사이에서 한국의 역할을 의미한다고 해명했지만, 미국 측의 태도는 매우 완강했다. 이후 균형자(balancer)라는 표현은 한미관계에서는 금기어같이 취급당했고, 결국에는 균형자론과 함께 동북아라는 지역개념도 역사의 뒤안길로 사라졌다.

4 지역주의와 지역화를 나누고, 지역성의 정도에 따라 지역화의 심도를 나누는 논의는 아래를 참조.
Ana Bojinović Fenko, "Theorising the Role of Identity in the Change of regionalism in the level of Regionness," *Paper prepared for the 22nd IPSA World Congress in Madrid* 2012, 8-12 July, 2012. pp.6-8.

2) 글로벌주의와 통일 대박의 공통분모: 흡수통일론

이명박 정부는 부시 행정부의 강력한 반테러 드라이브에 편승하여, '세계로 가자(going global)'라는 모토를 외교 노선으로 들고 나왔다. 인수위 시절부터 '오렌지네 어륀지네' 논란을 일으키는 등 이명박 정부는 한미동맹 일변도의 대외 정책을 들고 나왔다. 이는 전두환 정권 이래 슬로건으로서는 가장 강력한 한미동맹론이었다. 노태우 정부 시절 북방정책에 대한 미국의 속도조절론, 김영삼 정부 시절 통미봉남 여부에 따른 미국과의 신경전, 김대중, 노무현 두 정부와 부시 행정부와의 대북정책 논란 등에 비하면 한미관계는 탈냉전 이래 이보다 더 좋을 수 없는 듯했다. 이에 반해 대북정책에 대해서는 '비핵개방 3,000'이라는 다소 생뚱맞은 안을 들고 나왔다. 북한의 비핵화 조치를 남북관계의 전제 조건으로 한다는 것이고, 이를 수용한 북한이 경제 개방을 추진한다면 한국이 북한의 1인당 국민소득을 3,000불로 만들어 주겠다는 안이었다. 이미 2006년에 1차 핵실험을 실시한 전례가 있는 북한이 비핵화를 수용하는 것이 쉽지도 않을 뿐더러, 설사 북한이 비핵화를 수용하고 개방 정책을 실행하더라도 국민소득을 3배 증대시키는 것이 어떻게 가능한가라는 점에서 그 진정성에 대해 수많은 질문이 쏟아졌다.

사실상 이명박 정부의 세계로 가는 정책인 글로벌주의는 동북아라는 말썽 많은 지역 범주를 단번에 뛰어넘어 소위 중견국가(middle power) 한국의 글로벌 영향력을 강화하자는 취지의 외교 정책이었다. 자원외교, 녹색성장 등으로 무장한 이명박 정부의 대외 정책은 G20 의장국, 핵안보정상회의 의장국 등 세계로 나가는 모양새를 갖췄지만, 실속은 없었다. 특히 지역주의 없는 세계화 전략은, 한국보다 더 빨리 강국으로 부상한 중국에 대한 정책 대안을 담고 있지 않았다는 점에서 그 성공 여부에 대해 물음표가 따라다니는 걸 막을 수 없었다. 2009년 북한의 2차 핵실험, 2010년 천안함, 연평도 사건 처리 과정 내내 이명박 정부는 대북 정책의 집행을 위해 중국에 손을 벌릴 수밖에 없었다. 비핵개방 3,000이라는 대북 정책은 남북관계와 무관한 외교적 레토릭으로만 받아들여졌고 오히려 대북 압박을 통해 북한을 굴복시키기 위한 대북 강경론의 명분으로 해석되었다. 실제 이명박 정부는 금강산 관광 중단, 5.25 대북 제재 등 모든 수단을 동원해 대북 제재를 추진했지만, 중국의 부상이라는 거대한 벽 앞에 중견국가 한국의 대북 압박은 한계에 부닥치지 않을 수 없었다. 한미동맹 일변도의 외교통일 정책으로 역내 지정학을 돌파하려고 한 이명박 정부의 외교 통일론은 결과적으로 다시 지역 문제이자 중국 변수를 돌아보게 하는 계기를 만든 것이었다.

박근혜 정부가 한·미·중 협력외교를 들고 나오고 신뢰외교(Trustpolitik)와 균형정책(Alignment policy)을 강조하기 시작한 것도 이 같은 반성에서 나온 것임에 분명했다. 한국의 보수 정부가 자주 외교나 균형자 외교를 채택한 것은 아니지만 이명박 정부의 한미동맹 몰입외교에 대해서 경로 수정을 택한 것은 분명해 보인다. 참여정부 시기 균형자(balancer)론의 비극을 염두에 두고 이와의 차별화를 위해 외연이 다른 균형(alignment)을 언급하고 있지만, 미국과 중국 사이에서 한국의 포지셔닝을 점검한다는 의미에서는 동일한 문제의식에 기반해 있었던 것으로 보인다. 2015년 박근혜 대통령의 방중 행보와 방미 행보 그리고 AIIB 가입 문제와 사드 배치 문제 등에 대한 널뛰기 외교는 외교철학의 한계는 제외하더라도 역내 균형화 전략이 얼마나 어려운 것인가를 보여주는 상징의 하나로 평가되고 있다.

박근혜 정부가 제기하고 있는 또 다른 제안인 동북아평화협력구상(동평구) 역시 동북아라는 지역 범주를 재론하고 있다는 점에서 주목할 만하다. 이명박 정부가 방기한 지역 개념인 동북아를 재차 들고 나온 것은 결국 세계로의 길은 역내 문제를 다지는 과정에서 출발해야 한다는 평범한 진리를 깨달았기 때문일 것이다. 참여정부의 지역주의 문제의식을 부분 회생시키는 것이라고 할 수밖에 없는 것이기 때문이다. 보건, 마약, 원자력, 에너지 등 연성 안보 분야에서 시작하여 북한과 몽골까지 참여하는 다층적이고 다변적인 대화협력체를 구성하자며 기존 정책과의 차별성을 강조하고 있지만, 동 제안 역시 미국과 중국 사이에 낀 한국이 '동북아'라는 지역성을 통해 한국 역할론과 주도성을 획득하겠다는 그 근본적 발상에는 변화가 없다는 것이 필자의 판단이다. 이 점에서 유라시아 이니셔티브로 대표되는 동평구 안은 이 정부에서도 되살릴 필요가 있을 것이다.

한편 박근혜 정부의 대북 정책인 신뢰 프로세스는 그 실체를 분명히 파악하기 어려운 매우 주관적인 정책이었다. 신뢰의 형성 주체가 당국간인지, 비핵화 문제는 여기에 어떻게 매개되는지, 나아가 신뢰의 목표지(end-state)가 무엇인지 등에 대한 다양한 의문들이 끊이질 않았다. 이에 더한 박 대통령의 통일 대박론은 그 통속적 표현이 갖는 다의적 함의 때문에 더욱 정책적 투명성을 파악하기 어려웠다. 일부에서는 통일대박론은 체제흡수라는 방법과 북한체제의 조기붕괴라는 시점을 내포한다고 적극적으로 해석하기도 하지만, 청년 세대의 통일 허무주의를 극복하기 위한 정치 슬로건 정도라는 소극적 해석도 병존했다. 그러나 개성공단 폐쇄를 기점으로 박 전 정부의 통일대박이 흡수통일 정책이었음을 부인하는 견해는 찾기 어렵다.

2. '전략적 인내' 시대의 마감

필자는 문재인 정부의 과제가 한국 보수 정부의 흡수통일 전략과 오바마 행정부의 동맹 우선 전략의 묘한 조합이 만들어낸 '전략적 인내' 정책이 갖고 있는 인식적 전제를 비판적으로 검토하고 그 대안을 제시하는 데서 문제를 출발하지 않을 수 없다고 판단하고 있다. 주지하다시피 전략적 인내는 클린턴, 부시 행정부 6년간의 북미 대립의 결과를 결산하고 이로부터 북한 문제에 대한 교훈을 도출, 마련한 대북 정책이었다. 전략적 인내 정책의 한 축은 레드 라인(Red Line)[5] 설정 여부였다. 북한의 특정 행동을 레드 라인으로 설정해 놓고 북한 핵 문제를 다루는 것은 북한이 이를 위반할 협상(양보)이냐 전쟁이냐의 극단적 선택에 몰리는 단점 때문에 북한의 페이스에 말려드는 것이어서 무의미하며, 오히려 강압 이론에 입각한 외교적 해결에 상당한 장애가 될 수 있다는 견해가 부상하였다. 클린턴 정부 때는 물론이고 심지어 부시 정부 때조차도 미국은 북한의 핵 실험 직후 오히려 협상에 돌입할 수밖에 없었기 때문이다. 결국, 북한의 벼랑 끝 전술에 대한 미국의 학습효과는 '노 레드라인' 정책 즉 무시정책(neglect policy)[6]으로 입안되었고 2008년 김

5 대북 정책의 레드 라인(Red Line)은 대북정책에 설정된 정책전환의 한계선으로 클린턴 행정부 시절, 대북 관여정책이 실패할 경우 봉쇄정책으로 전환하는 기준을 마련한 것이 레드 라인이었다. 초기 한미 양국은 레드라인의 설정기준에 시간 개념은 도입하지 않고 북한의 행위를 기준으로 기준선을 판단하여 북한의 행동에 대한 리스트를 마련하였었다.

6 이 같은 미국의 정책을 구갑우는 북한에 대해 협상자체가 불가능한 분위기를 조성하는 '공격적 방치 (hawkish neglect)' 또는 비포용정책이라 평가하였다. (구갑우, 2002:22)

정일의 뇌졸중 이후 북한 정권 붕괴에 대한 기대가 부상되면서 다자적 장기 경제 봉쇄라는 장기 강압카드를 무시 전략과 결합시키는 전략적 인내 정책이 나타난 것이다. 이 장기 강압 카드는 시간은 우리 편이라는 인식을 다자적 제재라는 방법과 결합시킨 것으로서 다자적 제재라는 오바마 행정부의 주요한 대외 정책의 한 방법론을 부시 행정부의 무시 전략과 결합한 것이었다.

이 점에서 전략적 인내는 단순한 대북 '정책'이 아니라 오바마 행정부의 외교 철학과 북핵/북한 문제에 대한 미국의 역사적 평가와 북한 정권에 대한 인식을 결합시켜 만든 총체적 대북 독트린이었다. 트럼프 행정부가 전략적 인내를 실패한 규정한 것은 이 점에서 미국의 대북 인식, 방법 모든 것에서 변화를 동반할 수 없을 것이고 동시에 한미 동맹의 대북 인식 역시 변하지 않을 수 없다는 것이 필자의 판단이다. 이에 필자는 북한을 제대로 평가하고 대북 및 통일 정책을 바로 세우는 데 필요한 인식적 대안을 마련하는 것이 급선무라고 판단해 왔고 이에 다음의 세 가지 개념을 강조해오고 있다.

1) 대북 '인식'의 대안적 전제[7]

첫째, 『뉴욕타임즈』가 북한 정권의 행태를 설명하기 위해 사용한 '합리적 광기'(Rational Irrationality)라는 개념이다.[8] 김정은을 폭정군주로

---

7 이 부분은 2017년 5월 7일 『창비』 주간논평에 실린 칼럼을 수정한 내용임

8 『뉴욕타임즈』는 2016년 9월 10일, "미치긴커녕, 너무 합리적"(far from crazy, too rational)이라는 제하의 기사를 통해 북한을 비합리적 행위자로 보는 견해에 이의를 제기하였다. 자국의 이익이 무엇이고 그것을 어떤 식으로 지켜야 자국에

다루는 광인(madman)이론보다는, 북한 정권이 자기 이익을 정확하게 이해할 능력이 있고 심지어 무모해 보이는 도발마저도 상대방과의 협상을 위해 의도적으로 무기화하고 있을 만큼 북한의 정책 결정 과정은 합리적이라고 보는 이 개념을 대북 인식의 중심에 두어야 한다는 의미이다.

다음은 '예측 가능한 예측 불가능성'(Predictable Unpredictability)이다. 주류 언론들이 북한의 도발을 예측 불가능한 김정은의 괴벽 탓으로 돌리지만 실제 북한의 도발이 예측 불가능하다는 것은 만들어진 관념에 불과하다는 의미다. 북한은 쟁점을 둘러싼 협상이 결렬될 경우 이에 대한 반응으로 도발이라는 옵션을 선택하는 경우가 많다. 때로 북한의 도발은 군사 기술적 요구에 따른 주기성을 띤 실험인 경우도 있다. 이 때문에 북한의 예측 불가능한 도발이 사실은 예측 가능한 패턴을 띠고 있었음을 부인하기 어렵다. 심지어 어떤 경우에는 물밑협상 담당자들은 이를 예측하고 있었던 경우도 있다.

사실 전략적 인내 노선은 그것의 성립을 위해서 북한 정권의 비합리성과 이로부터 연원하는 예측 불가능한 북한의 행태를 전제하지 않을 수 없다. 그러나 시간 싸움이 반드시 승리를 보장한다는 그 전제가 지난 8년의 경험으로 실패한 마당에 더 이상 이런 종류의 인식론적 전제

유리한가를 잘 아는 것이 합리성이라는 견지에서 보면, 김정은은 그 요건을 충분히 충족하고 있다는 것이다. 오히려 공포감을 조성하여 상대방의 위협 인식을 극대화한다는 점에서, 광인(madman)이론을 역으로 위협 도구로 사용하는 합리적 광기(rational irrationality)에 주목해야 한다는 것이다. 이후 19일자(『월스트리트 저널』)은 김정은이 할아버지의 소탈한 이미지를 통해 권력 안정화를 꾀하는 노련한 독재자라는 내용의 사설을 내보냈다. 김정은을 광인으로 보고 북한체제의 불안정성을 전제로 정책을 수립해 온 한미 당국의 정책실패를 지적하는 것이었다.

를 대북 정책의 잣대로 유지하는 것을 어불성설이다. 이 점에서 이제는 북한 행태의 예측 불가능성에서 얻는 이익보다는 우리의 예측 능력을 강화하고 그 예측에 대해 공론화하는 것이 더 큰 이익이 되는 시대가 왔음을 잊어서는 안 된다는 것이 필자의 주장이다.

마지막은 독재국가의 '레질리언스'(resilience) — 회복력, 탄력성 등으로 번역되기도 하는 — 이다. 살아남은 권위주의·독재국가들이 생각보다 레질리언트하게 반응하는 것을 본 정치학자들은 최근 이들 국가에 대한 제재가 곧 레짐 붕괴로 이어지는 것은 아니라는 결론에 이르렀다. 북한 역시 오랜 제재를 견뎌낸 노하우가 있고 잔인한 권력정치의 결과도 예상과는 달리 권력 안정성으로 나타나고 있음을 부인하기 어렵다. 국제정치와 권력정치가 꼭 도덕적 정당성을 담보하고 있어야 하는 것이 아니라는 진리가 대북 인식에서도 일관되게 작용되어야 한다는 점을 새삼 확인시켜 주는 바다.

결국 이 세 가지 키워드는 지난 10년간 미국 오바마 정부의 전략적 인내와 한국 보수정부의 궁합이 만들어낸 대북 정책과는 근본적으로 결이 다른 인식적 전제의 필요성을 제시하는 것이다. 북한의 비합리성과 정치잔혹극을 핵심으로 하는 북한 예외주의에 대한 대안적 개념들인 것이다.

2) 대북 '정책'과 숙적관계의 탈피

한편 대북 '정책'에서 가장 중요한 것은 숙적관계(rivalry)에서의 탈피이다. 사실상 국내 정치화된 주류 담론인 종북론마저 대북 숙적관계의 대내적 안전장치일 따름이다. 그러나 주지하다시피 남북관계를 숙적관계 측면에서 보는 시각은 시대착오적이다. 한국과 북한은 각기 다른 시간대를 달리고 있다. 이 시간대의 차이를 일치시키는 방법은 북한 즉 일방을 해체시키는 것이 아니라 각기 다른 시간대를 달리고 있는 양자를 인정하고 그 공존을 모색하는 것이다. 어차피 남북은 비대칭적이다. 안보전략에서도, 남북관계에서도, 경제 수준에서도 남과 북은 각기 다른 수단에 의한 미래를 그리는 비대칭전략을 수용하고 있다. 이를 억지로 동일 시간대로 끌어들여 이기고 지고의 제로섬 패러다임으로 전락시킬 이유가 없다. 숙적관계의 탈피는 곧 상호성의 승인임을 잊어서는 안 된다.

다음은 대안적 진실(alternative facts)의 문제이다. 이는 트럼프 행정부가 주류 언론의 사실 선택 방법에 대해 문제제기하는 과정에서 공론화된 개념이다. 실상 정책의 실패는 사실검증(fact checking)의 실패이기도 하다. 미국에서는 부정적 의미가 된 대안적 진실이라는 용어를 필자가 강조하는 것은 지난 10년간 대북 정책의 실패가 반복된 과정을 지배해온 주류적 사실검증 절차를 고집하기보다는 새로운 사실검증에 따른 대안적 정책 수립이 필요한 때가 되었다고 보기 때문이다. 대안적 진실에 주목할 때 대안적 정책이 제출될 수 있을 것이기 때문이다.

주지하다시피 정보는 중요하다. 특히 대북 정책에 관한 한 그러한 인식과 정보 판단의 중요성은 비할 바 없다. 지난 10년간 소위 오바마 대통령의 '전략적 인내' 정책에 조응한다고 제대로 된 정보 판단을 공론화한 적이 없다. 전략적 인내란 주지하다시피 대중의 공포를 방지해 대적 협상에서 우위에 서기 위한 협상의 전술적 전제로 무시를 정책 옵션으로 선택하는 전략이었다. 문제는 이 정책이 장기화되면서 전문가나 정책 결정자 스스로 무시 전략의 환원론에 빠져 현실 직시 능력을 방기하게 되었다는 점이다. 그러다 보니 실제 위기 경보는 많이 있으나 인지 능력이 패턴화되어 있고 이데올로기적 접근에 사로잡혀 있어 사실 분석에 근거한 경고 신호를 수신하지 못하고 '축소와 무시'라는 관성적 대응으로 일관하게 되었다. 결과적으로 전략적 무시가 아니라 경멸과 무지만 남게 되었다.

북한이 공개한 북극성 2호 발사 동영상이 킬 체인과 같은 한국형 MD 체제의 효과성에 던진 의문부호와 충격은 작지 않다. 수차례의 핵실험에 더해 북한이 공개하고 있는 ICBM, SLBM 능력의 진전은 분초를 더해갈수록 위협적으로 되고 있음을 부인하기 어렵다. 북한이 확보한 비대칭 전력의 수준을 이제는 제대로 평가할 때가 되었다는 뜻이다. 그리고 이를 위해서는 그 정보를 공론화하지 않을 수 없다는 뜻이다. 필자가 굳이 '대안적 진실'이라는 빛바랜 용어를 사용해가며 대북 정책에 대한 정보 판단의 변환을 요구하는 것은 그래서이다.

3) 북한문제의 과잉 국제화[9]

한편 대북 정책의 또 다른 편향은 북한 문제의 과잉 국제화이다. 북한 문제나 북핵 문제의 국제화 옵션은 우리가 국제적 상승세를 타고 있을 때 효과적인 옵션이다. 그러나 한국의 글로벌 지위가 상대적으로 정체되고 남북관계 간 비대칭 전력의 열세가 우려되는 현 상황에서 북핵 문제의 국제화니 북한 문제의 국제화니 하는 논리는 우리를 더욱 왜소하게 만들 뿐이다. 이미 천안함 사건과 연평도 사건에서 사실은 과잉

9 2017년 3월 「코리아 컨센서스 이슈리포트」에 실린 내용을 수정한 것임

국제화의 한계를 경험한 적이 있다.

이제 북한 문제나 북핵 문제의 국제화 옵션을 재검토할 때가 되었다. 일부 이슈에서 그것은 여전히 국제 문제이지만 다른 한편으로 한반도 차원의 갈등 관리 옵션에서 다뤄질 영역이 병존하기 때문이다. 한반도에서 군사적 충돌이 일어나거나 북한의 재래식 도발이 일어나면 유엔이나 미국에 가서 문제를 제기해 온 한국 외교의 패턴을 고집할 때는 아니라는 뜻이다.

한반도 차원의 문제를 스스로 해결하기 위해서는 남북관계의 평화적 관리나 갈등관리 노하우가 필요하다. 문제는 우리가 이 방법론에 익숙하지 않다는 점이다. 자칫 지구촌 최고의 갈등 지대로 전변할 수 있는 한반도에 살면서 그 평화적 관리를 스스로 하는 법을 익히지 못하고 위임이나 수탁에 의지한다면 그것이야말로 개탄스런 일이 아닐 수 없다.

3. 북핵문제의 새로운 프레임

북핵문제의 현실적인 해법은 비핵화의 입구와 출구의 시간차를 인정하고 그 기간 동안 과도적 공존을 대비하고 한반도에서 갈등 방지 거버넌스를 수립하는 데 있다. 즉 비핵화의 입구에서는 한미군사연습의 축소와 핵/미사일 실험의 동결론에 동의함으로써 협상을 시작하고, 출구 즉 비핵화의 최종 국면까지의 과도적 공존을 선택함으로써 출구를 마련하는 것이다. 사실 이 같은 옵션은 최근 중국이 미국과 북한 사이에 중재안으로 던진 쌍중단과 쌍궤병행론(군사연습과 핵실험의 상호 중

단/비핵화와 평화협정의 병행추진)과 일맥상통하는 부분이 있다.[10]

1) 입출구론과 상호동결전략

일단 입출구론은 북핵 협상의 입구와 출구 간에 비핵화의 목표치를 달리하는 잠정 평화안을 마련하자는 것이다. 문제는 입출구 사이의 이과도적 기간 동안 북한이 핵국가라면 한국은 비핵국가라는 비대칭 상황이다. 이 같은 과도적 공존을 우려하는 일부 우파 논자들이 한국 스스로 핵무장국이 되거나 최소한 미국의 전술핵을 재배치하자는 논리를 펴고 있지만, 이미 확장 억지력을 갖추고 있는 한미동맹이 굳이 그런 옵션을 선택할 이유는 없다. 동시에 지구촌 핵 밀집도가 가장 높은 강대국의 틈바구니에 사는 우리가 새삼 핵 '존재'의 공포에 빠질 필요는 없다. 다만 핵을 가진 정권의 비합리성에 대한 공포만 존재할 따름이다. 따라서 공포의 균형이라는 대안보다는 한국이 평화국가의 기치와 갈등관리 거버넌스를 통해 북한과의 평화적 협력의 길을 모색해 비대칭 상황을 관리하는 새로운 거버넌스를 구성하는 옵션을 마련하는 것이 상대적으로 현실적이라 할 수 있다. 물론 이런 구상에서 북한 정권

10 2014년 북한은 (핵) 군사연습을 먼 바다에서 진행할 것을 강조하였다. "당면하여 남조선당국은 《년례적》이며 《방어적》이라는 미명하에 2월말부터 강행하려는 《키리졸브, 독수리》 합동군사연습부터 중단하는 정책적 결단을 내려야 할 것이다 … 미국과의 《합동》과 《협동》이 그처럼 버릴 수 없는 소중한 것이라면 그것을 조선반도의 령토와 령해, 령공을 멀리 벗어난 한적한 곳이나 미국에 건너가 벌려놓으라는 것이 우리의 립장이다." 이처럼 북한은 군사 연습의 전면 중단보다는 군사협상의 축소를 제안한 바 있으므로, 2015년 1월 9일 상호동결 제안 역시 군사연습의 중단 혹은 축소로 해석하는 것이 가능하다. 최근 중국은 북한의 동 제안을 쌍중단, 쌍궤병행론으로 변형하여 제안하고 있다.

의 합리성 여부에 대한 답은 피하기 어렵고 이에 대한 답은 필자가 앞서 제기한 바 있다.

2) 대북 무시전략의 병리학 재론

위 협상안은 과연 현실적(feasible)인가? 위기를 위기로 보지 않는 전략적 인내와 무시 전략에 익숙해 온 우리로서는 북한이나 중국이 제안해 온 핵실험 동결안이라는 것이 일고의 협상 가치가 없는 것이다. 더군다나 그것이 성역에 속하는 '한미군사연습'의 중단을 조건으로 걸고 나온 한 잘해야 통미봉남(通美封南)이고 아니면 또 다른 도발의 명분을 쌓기 위한 속셈에 다름 아닌 것으로 보기 쉽다.

그러나 지금 와서 생각해보면 핵무기의 실전배치와 이에 따른 군사교리의 변화를 완성시키고 있다는 북한의 선전을 다 믿지는 않더라도, 2015년 1월 북한의 핵동결 제안은 핵무기의 실전 배치와 관련된 매우 중요한 기술적 의사 결정을 둘러싼 군축 안이었다는 생각을 지울 수 없다. 북한의 행동을 항상 병리학적 프레임의 틀에서 바라보고 전략적 인내에 입각한 대북 정책을 수립해 온 입장에서 이런 수용적 해석은 군사능력을 과잉 선전하고자 하는 북한에 놀아나는 것일 수도 있다. 그러나 리스크 회피를 행위의 제1목적으로 해야 하는 안보 인식의 기본으로 돌아가면 오히려 북한에 대한 과잉 무시는 앞서 여러 번 지적하였지만 또 다른 집단 병리의 결과였던 것이다.[11]

사실 남북기본합의서 불가침조항 12항에서 이미 합의하였듯이 '대

---

11 2016년 3월「창비주간논평」참조

규모 부대이동과 군사연습의 통보 및 통제 문제', '대량살상무기와 공격능력의 제거를 비롯한 단계적 군축 실현 문제' 등은 평화협정과 불가침 논의의 출발점이다. 모든 전쟁연습, 또는 일정 규모 이상의 군사연습을 서로 배제하는 원칙은 상호주의의 기본 중의 기본이다. 북한의 2015년 1월 9일 상호 동결 제안은 이 점에서 대량살상무기와 공격능력의 상호 제거라는 거래적 접근과 무관하지 않다. 정치 전략이나 외교 수사가 아니라 군축론의 기본 프로세스에서 본다면 그렇다는 뜻이고 우리가 북한 정권의 '합리성'을 인정하는 순간 동 제안은 사실은 안보 협상의 기본적 수순이자 근본 요인으로 전환하게 된다는 의미다.

결국 위기로 치닫게 될 가능성이 높은 북핵 문제와 미사일 대치 국면을 진정시키는 길은 한미군사연습에 손을 대는 것이다. 비핵화와 평화협정 동시 병행의 고리는 한미군사연습의 중단 혹은 축소를 한 축으로 하고 북한의 핵과 로켓을 동결하는 것을 다른 축으로 하는 쌍중단안을 입구에서 수용하는 것뿐이기 때문이다.[12]

3) 쌍중단/쌍궤병행론의 두 가지 쟁점

물론 이 같은 원칙에 동의해서 협상을 시작하더라도 여전히 쟁점은 있다. 관련 쟁점은 첫째, 비핵화 수준을 어느 정도 기간을 거쳐 실행할 것인가 즉 미국은 무엇을 요구할 것인가가 쟁점이 될 것이다. 그 핵심 쟁점은 CVID(complete verifiable and irreversible)이다. 완전하고 불가

12 쌍중단안은 사실 한미군사연습을 중단하는 옵션 외에도 한미군사연습의 축소나 3중핵무기 연습의 장소 이전 등 다양한 변형 옵션이 가능하다.

역적이며 검증 가능한 해체라는 수준의 비핵화 요구가 2015년 한미정상회담에서 재확인됨으로써 북한의 강력한 반발을 불러왔다. 이미 10여 년 전 'CVID는 패전국에게나 강요할 수준의 요구'라고 강력히 반발해 온 북한에게 2015년 이를 재요구한 것은 더 이상 협상이 불가능함을 선언한 것에 다름없다는 것이 북한의 인식이다.

그렇다고 해서 북한이 지금처럼 핵-경제 병진 노선의 고리를 부인하지 않는다면 이 또한 우리로서는 난감하다. 출구 자체를 인정하지 않는 것이기 때문에 글로벌한 핵 비확산 체제에 근본적으로 도전하는 안을 우리가 수용하기는 어렵기 때문이다.

대안은 북한이 레토릭 차원의 비핵화 팻말이라도 들고 나타나야 한다는 점이다. '핵-경제 병진 노선'과 CVID 간의 헛된 대립을 끝내는 대신에, 과거 그래왔듯이 '비핵화는 수령님의 유훈'(2006)이라던가 '비핵화를 위한 핵실험론'(2009)과 같은 기상천외한 글귀라도 들고 나와야 한다는 뜻이다. 입출구론의 특징은 출구에 대한 비전이 입구를 시작할 수 있게 한다는 점에 있으므로 출구에서의 과잉 대치가 입구 자체를 봉쇄해버리지 않는 묘안을 만드는 것이 협상 담당자의 능력이다.

둘째는 평화협정의 시점과 수위이다. 노무현 정부 시절 우선 종전선언을 하고 협상 말기에 평화협정을 체결한다는 평화프로세스가 준비된 적이 있었다. 그런데 지금 북한은 협상의 초기에 평화협정을 맺어야 한다고 주장하는 인상이다. 2007년 당시와는 달리 자신들의 핵 능력이 더욱 강화되고 이에 대한 미국의 위협이 더욱 증폭된 현 상황은 단순히 종전 선언 정도로 핵 협상의 입구를 시작하기 어렵다는 주장이다. 협상 시작을 위해서는 형식적 평화선언에 불과한 종전선언 수준이 아니라 실체적 내용을 담는 평화협정이 체결되어야 한다는 주장을 북한이 고

수하고 있는 듯하다. 이것이 실제 북한의 진정성 있는 협상안인지 북한이 비핵화 협상의 의지가 없기 때문에 이 같은 높은 수준의 협상안을 빌미로 제기하고 있는 것인지에 대해서는 추가 확인이 필요한 난제이다.

이 두 가지 쟁점은 사실 근본적인 문제이고 이를 입구에서 해결하고 넘어가기에 넘어야 할 산은 너무나 많고 또한 높다. 결국 이 같은 쟁점의 조정은 성공보다는 실패할 가능성이 더욱 높다는 뜻이다. 그러나 외교라는 것은 실패를 성공으로 만드는 것이기도 하다. 특히 다가오는 평창 올림픽을 평화적으로 진행해야 하는 과제를 안고 있는 우리로서는 더 많은 지혜와 노력이 필요하다. 북한은 미사일 불꽃놀이를 해대고 동해안에서는 항공모함이 올림픽을 지켜야 하는 불상사는 없어야 할 것이기 때문이다.

4. 국가 조정 메커니즘의 회복과 통일국민협약

미국 중심의 단극 체제와 신자유주의의 해체 그리고 대의민주주의와 정당정치의 붕괴라는 글로벌 현실은 우리에게도 어김없이 닥치고 있다. 서두에서 지적하였듯이 이 같은 거대한 흐름 속에서 정치모델은 표류하고 있고 한국 정치는 광장 정치의 제도화라는 새로운 대안을 모색하고 있지만, 탄핵과정에서 사라진 다양한 권력 메커니즘은 향후 닥쳐올 위기를 대비할 거버넌스의 부재를 경고하고 있다.

필자는 새로운 국가 조정 메커니즘의 핵심이 될 협약적 대안을 외교안보 및 대북 정책에 적용하기 위한 두 가지 방안을 제시해왔다. 하나는 대중보다 갈등의 진폭이 더 큰 한국 사회 엘리트 간 인식의 합의를 위한 조정 기구의 마련이다. 통준위의 성과를 발전적으로 해체하기 위해 금통위에 버금가는 외교안보위원회를 만들어 좌우 이념을 넘는 적절한 정책 마련의 공간을 만드는 것이다. 한국호의 미래를 위해 좌우 엘리트 간 공론의 장을 마련하여 국가가 처한 외교안보환경에 대한 분석과 남북관계 및 외교적 대안을 마련하자는 것이다.

둘째는 국가–사회 간의 협약적 모델을 구축하는 것이다. 이는 좌우 대립 해소보다는 국가의 과잉 권력을 사회에 이양하고 사회 내에 파편화된 이익 대표체를 집약 집적시키는 채널을 구축하자는 것이다. 대북 정책에서도 각 영역별(인도적 지원, 경협, 관광, 학술 교류 등) 이익 대표체를 구축하고 이들과 국가가 협력의 기준을 마련해가는 것이다. 앞의 제안과 달리 사회협약론은 사회 세력 간 이념 타협이나 '정세 인식'의 합의를 의도하기보다는 70년 동안 국가가 독점해 온 대북 행동의 주요 내용을 사회 및 이익 대표체와 공유하는 제도를 마련하자는 의미로 해석되어야 한다. 다행히 후자는 통일국민협약이라는 국정 과제로 제시되어 그 실행을 위한 준비가 진행 중인 것으로 알려져 있다.

국가 조정 메커니즘의 회복과 재구성은 매우 어려운 과정이다. 특히 이를 비밀주의가 중심이 되어 온 외교안보 및 대북 정책 영역에 적용하자는 것은 철없는 주장이라는 비판의 대상이 될 것도 분명하다. 그러나 외교안보통일 정책이 더 이상 광장정치의 제도화를 외면하는 것도 시대적 요구에 부합하지 않는 것도 사실이다.

요컨대 합의적 협약적 국가 조정 메커니즘을 통한 한국 모델의 재구성 과정에 외교안보 및 대북 정책 영역이라고 성역이 아님을 인정해야 한다. 그것이야말로 광장 정치의 폭주보다는 그것의 제도화에 기여하고 급변하는 글로벌 환경에 적절히 대응하는 대안 구성에 기여하는 과정으로 평가될 것이다. 이 같은 국내적 합의 메커니즘이 뒷받침될 때 비로소 앞서 검토한 북핵 문제나 대북 정책의 다양한 쟁점들을 창의적으로 헤쳐 나갈 수 있는 동력이 마련될 것이다.

통일국민협약의 3대 의미와 목표

첫 번째는 통일정책의 퇴행을 막기 위한 것으로서, 기수립된 통일정책들을 제도화하여 역진성을 막는 것을 목표로 한다.

두 번째로는 남남갈등의 해소이다. 대북 정책을 둘러싼 사회갈등을 해소하고 국민통합이라는 본연의 목표를 달성하기 위한 목적이다.

끝으로 새 국가전략, 즉 뉴패러다임과 조정 메커니즘 구축의 차원에서 통일국민협약을 보는 것이다. 즉 통일정책에서 국가가 독점적으로 행사해 온 몇 가지 권한들을 민간통일단체와 공유함으로써 통일정책분야에도 새로운 조정 메커니즘을 만든다는 것이다. 방북신청을 허가제에서 신고제로 수정하거나 허가의 주체를 통일부에서 통일국민협약 기구로 이전시키는 등과 같은 조정방식의 변화를 꾀하겠다는 것이다.

현재까지 통일국민협약의 의미는 두 번째에 강조점을 두고 있으나 진정한 국가-사회 뉴패러다임 구축이라는 국가 전략 전환의 입장에서 보면 세 번째야말로 통일국민협약이 갖는 본연의 의미인 셈이다. 따라서 본 사업단은 통일국민협약을 단순한 남남갈등 해소라는 정책 차원의 논의에만 매몰시키지 않고, 이를 한 단계 승화시켜 국가-사회 패러다임 구축 차원의 문제로 제고시켜 나갈 것이다.

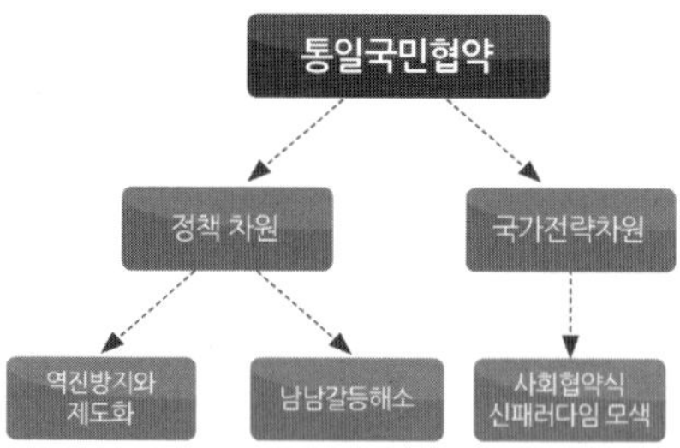

통일국민협약의 목표

■ 참고문헌

강원택 외. 2013.『노태우 시대의 재인식』. 나남출판사.

구갑우, 2002. "비판적 국제이론과 한반도 평화과정: 대안적 연구의제의 설정."『통일정책연구』11(1):1-29.

김기정. 2005. "21세기 한국 외교의 좌표와 과제: 동북아 균형자론의 국제정치학적 의미를 중심으로."『국가전략』11(4):149-174.

이정철. 2008. "참여정부의 남북 경제공동체론 평가."『북한연구학회보』12(1):147-171.

______. 2015. "평화, 지역, 글로벌주의 교차와 통일외교."『철학과 현실』107: 143-156.

이종석. 1988.『분단시대의 통일학』. 한울 아카데미.

Barbeieri, Katherine and Jack S. Levy. 1999. "Sleeping with the Enemy: The Impact of War on Trade." *Journal of Peace Research* 36(4):463-479.

제2장

6.15의 계승과 혁신:
문재인 정부의 외교안보통일 정책

김준형 | 한동대학교 교수

1. 서론: 광화문의 기적과 문재인 정부 출범

박근혜가 2017년 3월 10일에 탄핵되었고, 5월 9일 대통령선거로 신정부가 출범하였다. 촛불혁명으로 시작해서 탄핵인용으로 이어진 모든 과정은 국정을 농단해 자격을 상실한 대통령을 평화적이고 합법적인 방법으로 끌어내린 민주주의의 진정한 승리다.[1] 오늘날 민주주의를 가리켜 선거 이후에는 무력한 '청중 민주주의(audience democracy)' 즉, 주권을 가진 시민보다는 정치가가 만들어 내고 조종하는 이미지에 반응하는 구경꾼의 민주주의라며 비판했던 베르나르 마냉에게 한국의 광화문의 광장민주주의는 확실한 반대 사례를 제공했다(Manin, 1997).

문재인 정부의 출범은 '광화문'의 정신을 계승하는 것이라고 할 수

1 탄핵이 될 대통령을 처음부터 뽑지 않았더라면, 더 좋았었겠지만 세계사에 유례가 많지 않은 탄핵을 완성했다. 2000년대 이후 페루, 인도네시아, 리투아니아, 파라과이, 그리고 최근의 브라질 정도에서만 가능했던 사건이다.

있다. "이게 나라냐?"라는 질문은 이제 "이게 나라다!"라는 답을 줄 기회를 가지게 되었으며, 대한민국 헌법 제1조와 제2조가 살아있음을 증명했다. 박근혜는 사적 권력을 위해 민주주의를 후퇴시켰으며, 공공성을 훼손함으로써 국민으로 하여금 끊임없이 국가란 존재가 과연 무엇인가를 고민하게 만들었다. 대통령은 돌아온 군주처럼 행동했었고, 집권여당은 삼권분립의 견제기능을 송두리째 포기한 신하에 불과했었다. 그러나 국민들은 신민이기를 거부하고 민주공화국의 주권을 지닌 시민으로써 대한민국 헌법의 유효함을 증명했다.

탄핵 전의 대한민국은 세월호와 다름없는 운명이었으나 국민들이 스스로 침몰을 막아냈다. 대통령은 골든타임을 낭비했었지만, 국민들은 정부의 야만성에 항거했고, 매장당한 공동체의식을 되살려 마침내 침몰을 막아냈다. 오바마 대통령이 임기를 마치면서 "헌법은 미국이 가진 소중한 보물이지만 사실은 종잇조각에 불과하다. 그러나 여기에 진정한 가치를 부여하는 것은 바로 국민들이다"라고 했다.[2] 오바마의 연설은 감동적이지만, 행동으로 보여준 대한민국 국민들은 민주주의의 새로운 역사를 썼다는 평가가 결코 과하지 않다.

박근혜 정부의 몰락과 문재인 정부의 출범은 해방 이후 오늘까지 이어진 반민주, 친일, 친재벌주의 등의 극복으로 이어져야 한다. 하지만, 정말 중요한 또 다른 과제가 놓여있는데 그것은 분단체제에 기생하면서 악용해 온 안보장사꾼들의 종북·반평화 프레임에 대한 극복이다.

2 "President Obama Farewell Address: Full Text," *CNN*, January 11, 2017. http://www.realclearpolitics.com/video/2017/01/10/watch_live_president_obamas_farewell_address.html) 최종접속일 2017. 5. 2.

촛불혁명은 민주주의 역사에서 4.19, 광주 민주화, 6.10 민주항쟁의 연속선상에 있으며, 대외 및 남북관계에 있어 6.15와 10.4의 평화와 민족화해정신의 계승인 것이다. 이명박·박근혜 정부는 탄핵의 직접적 이유인 민주주의 훼손과 국정농단만큼이나 반(反)평화집단이었으며, 분단체제를 자신들의 권력을 위해 철저하게 이용한 세력이었다. 친미 반북으로 국내 이념갈등을 증폭시킴으로써 권력획득과 유지에 골몰했다. 남북한 모두 상호적대감을 확대 재생산함으로써 정치적 입지를 강화하는 이른바 '적대적 공생' 구도였다.[3]

심지어 탄핵인용 이후에도 국방부와 외교부는 황교안 대통령권한대행의 비호 아래 미국의 군부와 군산복합체의 이익을 대변하는 듯한 행보를 계속했다. 뒤늦게 드러난 사드 추가반입에 대한 문 대통령 보고누락은 이런 적폐를 드러낸 충격이자 경고다. 권력교체의 가능성이 높은 시점에서 도리어 사드 배치를 가속화시켰던 것은 외교·안보·통일정책을 여전히 권력유지의 수단으로 삼는 적폐 행태가 정부가 바뀐 뒤에도 변하지 않았음을 재확인해준다. 사드 배치는 결코 끝이 아니다. 미중은 한국을 인질로 갈등격화 조짐을 보이고, 일본은 재무장을 가속화하고, 러시아는 호시탐탐 개입을 도모하며, 북한은 도발을 멈추지 않는 극히 어려운 외교환경에서 최선의 자세와 최상의 실력으로도 모자란데 구태의연한 진영논리로 위기에 빠뜨렸다.

3 커밍스는 남북한을 두고 "여전히 싸움에 몰두하고 있는 형제(fighting brothers)"라고 표현한다(Cumings, 2011).

2. 뉴노멀(New Normal) 시대

오늘의 세계는 제2차 세계대전 이후 지속되어 왔던 자유주의 국제질서가 급격히 힘을 잃으면서 문명사적 전환시대를 맞고 있다. 구미 선진국들은 여전히 규칙에 기초한 자유주의 국제질서의 회복과 준수를 주장하지만 핵심 두 축인 민주주의와 시장자본주의가 위기를 맞이하고 있다. 세계는 시장 확대를 통해 유사 이래 최고의 번영을 누려왔지만 공짜는 없었다. 번영의 과실은 전혀 고르게 분배되지 않았고, 내부적으로 강요된 희생과 불평등을 초래했으며, 이는 자본주의를 지탱하는 중산층의 붕괴로 이어졌다. 세계화에 특화된 기업과 자본은 기회와 이익의 확장으로 부를 축적했지만 노동자는 지속적 임금삭감과 자산하락으로 고통받았다. 시장과 함께 민주주의도 정당성을 잃어갔다. 전체주의적 사회주의체제의 붕괴와 '중동의 봄'으로 언뜻 외연을 확장하는 듯 보였지만 중심부가 휘청거리고 있다. 절차적 민주주의는 갖췄지만 집권 이후 권위주의와 선동적 참주정치로 민주주의는 질적으로 훼손되고 있다.

이런 현상을 집약적으로 담아내는 것이 '뉴노멀(New Normal)' 담론이다. 뉴노멀은 새로운 시대의 도래 또는 패러다임 변화에 따른 새로운 기준의 등장을 의미한다.[4] 2008년 세계경제위기가 1920년대 말 대공황과의 비교를 넘어, 자본주의 경제시스템에 대한 근본적인 몰락을 예

4 이 말은 글로벌 채권투자 회사인 핌코(PIMCO)의 최고경영자 모하메드 엘-에리안(Mohamed El-Erian)이 언급한 이후 유명세를 탔다(El-Erian, 2008).

견하는 상황이다. 제2차 세계대전 이후 오래도록 지속되었던 자본주의의 고성장과 고소득을 통한 번영의 시대가 끝나고, 높은 실업률과 저성장의 고착을 필두로 글로벌 경제의 장기침체, 경제적 불안정의 일상화와 빈부격차의 글로벌화로 대표된다. 자본주의와 민주주의는 개인의 자유를 핵심 고리로 친화적 연결성을 극대화한 반면, 국가와 같은 공적 영역은 축소시켜 왔다. 국가는 이러한 자유화를 가로막는 장애물로 취급당해 주변화되었다. 시장이 필연적으로 초래하는 불평등에 대한 조정자로서의 국가역할이 축소되었고, 약자와 소수자를 우선해야하는 정치 본연의 기능도 약화되었다.

국가가 시장의 승자들을 위해 봉사하는 존재로 전락함으로써 누군가를 제압하고 빼앗아야만 가질 수 있는 제로섬게임과 적자생존의 시대가 된 것이다. 자본주의 사회에서 이윤의 극대화는 상식이 되었고, 승리한 자본이 독식하는 메커니즘은 견고한 요새를 구축했다. 적자생존의 법칙은 부가 만들어낸 위계적 질서를 통해 밑으로 전가된다. 뉴노멀은 장시복 교수의 지적처럼 '위계화된 승자독식사회'의 전형으로 약탈의 먹이사슬과 같다(장시복, 2016). 성공의 과실은 독점하고, 실패의 고통은 가난한 사람들에게 전가하는 방식으로 불평등은 심화·축적되었다. '부의 낙수효과'가 아닌 '손실의 낙수효과'가 진행되어왔던 것이다.

뉴노멀은 1차적으로는 경제담론이지만 국제정치질서의 급격한 변동도 배태하는데, 가장 대표적인 것이 경제침체에 대한 반작용으로 극우 포퓰리즘이 부상하는 것이다. 트럼프의 슬로건인 '미국 우선주의(America First)'와 브렉시트의 '영국 우선주의(Britain First)'는 내부의 실패를 외부의 탓으로 돌리기 위한 배타적 민족주의를 적극적으로 동원하는 극우 포퓰리즘의 전형적 사례들이다. 과거에는 국제정치가 국내정치에 영향을 끼치는 측면이 훨씬 컸지만, 최근에는 국내정치가 국제정치에 끼치는 영향이 훨씬 커졌다. 이런 배경에서 각국은 내부결속을 위해 외부로부터의 안보위협을 과장하고, 군비경쟁을 강조한다. 이런 모습은 1930년대 대공황 이후 제2차 세계대전 이전의 상황과 많은 유사점이 발견된다. 불가리아 자유주의전략연구소의 이반 크라스테브(Ivan Krastev)는 브렉시트는 독일의 통일을 가져온 흐름을 역전시키고, 더 멀리는 1945년 전후 유럽체제가 지향했던 협력과 통합이 해체되는 출발점이라고 지적했다.[5]

미주와 유럽대륙도 심상치 않지만 동북아가 문제다. 예로부터 한반도와 그 주변은 '아시아의 발칸' 또는 '지정학적 저주'로 불릴 만큼 늘 어려운 상황이었지만 갈수록 더 악화되고 있다(Rudd, 2013). 남북의 분단구조는 그대로이고, 탈냉전 도래 사반세기에도 대결구도는 해소되지 않은 상태에서 미국의 영향력 약화와 일본의 침체, 그리고 중국의 급격한 부상이 겹쳐지면서 불안정성이 점점 증대되었다. 동북아에서 부상하고 있는 신민족주의의 발흥과 경쟁적 군비강화에는 예외가 없다. 시진핑, 아베, 푸틴, 김정은 등 하나같이 국내 권력의 공고화를 위해 안보포퓰리즘에 의지한다. 트럼프의 미국은 부상하는 중국을 견제하기 위해 동맹네트워크를 재건하는데, 이는 어떤 식으로 포장해도 냉전질서

5 불가리아 자유주의전략연구소의 이반 크라스테브(Ivan Krastev)는 브렉시트를 가리켜 독일의 통일을 가져온 흐름을 역전시키고, 멀리는 1945년 전후 유럽체제가 지향했던 협력과 통합이 해체되는 시발점으로 본다. (Michael Hirsh, "Why the New Nationalists Are Taking Over: Our Post-Cold War System Might Be a Triumph For Peace and Security, But It's Built on Unsustainable Economic Ideas," *Politico*, June 27, 2016.)

의 재현에 가깝다(Calder, 2004:226-7; 김준형, 2015:53-5).

3. 한반도 및 동북아의 전략 환경

현재의 한반도와 그 주변은 냉전질서 부활의 양태를 가지고는 있지만 과거의 단순한 진영대치와는 질적으로 다르다. 협력과 갈등이 공존하는 역설은 물론이고, 다차원의 중첩성을 띤다. 최소한 3중(글로벌, 아시아, 한반도)이고, 한국의 입장에서 판단하자면 국내정치까지 겹쳐 복잡한 고차방정식이 되어 해법은 난해해졌다. 가장 거시적인 차원은 미국과 중국 사이에서 전개되고 있는 글로벌 차원의 협력증대와 갈등심화의 패러독스 현상이다. 미국과 중국의 교역량은 2016년 통계로 5,782억 달러에 이르고 있으며, 중국은 (캐나다 다음으로) 미국의 두 번째 최대 교역국이며, 미국 역시 (EU 다음으로) 중국의 두 번째 최대 교역국이다.[6] 미국은 중국 상품의 최대 수입국이며, 중국은 미국 상품의 제3대 수입국이다. 또한 중국은 미국 국채 1조 2,400억 달러를 보유한 최대 채권국이다. 미국 소비자는 값싼 중국 상품의 혜택을 받고 있으며, 중국은 미국이 주도해온 자유주의 세계질서 안에서 경제성장을 이뤘다. 또한 현재 기후변화, 환경, 에너지, 대량살상무기 확산, 북한 및 이란의 핵문제 등에서 서로 협력이 불가피하다.

반면에 군사적 불신도 함께 커지고 있다. 중국은 미국의 아시아정책

---

6 United States Census Bureau (https://www.census.gov/foreign-trade/balance/c5700.html: 최종접속일 2017. 6. 5.)

은 자신을 포위하는 전략으로 인식하며, 미사일방어체제의 궁극적 표적이라고 인식한다. 이 때문에 중국은 지난 20년간 연평균 10% 이상 군사비를 꾸준히 늘려왔고, 핵잠수함, 스텔스기, 항공모함, 대함모미사일, 중장거리탄도미사일 등의 첨단무기 개발에도 박차를 가해왔다. 반대로 미국은 이를 지역안정을 위협하는 행보로 판단하는 것이다. 또한 중국은 최근 미일동맹이 급속하게 강화되고 있는 것을 심각한 위협으로 받아들이고 있다. 오바마 집권 2기에 가속화된 미일동맹은 2016년 5월 오바마의 히로시마 방문으로 정점을 찍었으며, 앞으로 더욱 긴밀해질 가능성이 높다.

물론 미중갈등이 심화되어도 실제로 군사적 충돌에 이르기는 어렵다. 많은 전문가들이 미중이 높은 상호의존도를 지니고 있기 때문에 소위 '투키디데스의 덫(Thucydides' Trap)'은 작동하지 않을 것이라고 판단한다.[7] 그러나 미중이 '충돌은 곧 공멸이므로 협력관계를 이어가야 한다.'는 당위를 수용한다 하더라도 실천여부는 미지수다. 중국의 GDP는 2014년 기준 11.21조 달러로 미국(18.12조 달러)의 2/3에 달하며 구매력을 감안한 국방비 역시 미국의 절반에 육박한 것으로 추산된다. 또한 상호불신이 여전한 가운데 상대의 수용과 양보를 전제로 하는 협력과 공존을 달성한다는 것은 결코 쉬운 목표가 아니다(문은석, 2014:96). 중국의 역내 리더십에 대한 확장욕심과 미국의 기존 리더십에 대한 공

---

7 엘리슨은 기원전 5세기 펠로폰네소스전쟁의 원인이 급부상한 아테네와 이에 두려움을 느낀 기존 패권 스파르타의 충돌인데, 세력전이의 불안한 과정에서의 현상타파가 역사를 따라 반복적으로 일어났다고 지적한다. 1500년 이후 세력전이 현상이 16번 있었는데, 그중 12번이 전쟁으로 치달았다. (Graham Allison, "The Thucydides Trap: Are the U.S. and China Headed for War?" *The Atlantic*, September 24, 2015.)

세적 방어가 상승작용을 일으키면 충돌이 일어날 가능성도 배제하기 어렵다. 미중 양국도 이를 충분히 인지하고 불행한 결과를 피하기 위해 다각도로 노력하고 있지만 상호신뢰가 충분하지 않고, 국제정치를 특징짓는 권력외교의 속성상 갈등을 해소하기는 어렵다.[8]

두 번째 층위는 동북아지역, 확대하면 동아시아지역이다. 이 지역은 높은 경제적 상호의존도에 비해 정치안보분야의 협력 수준은 낮다. 게다가 영토분쟁, 군비경쟁, 역사왜곡논쟁, 핵개발 등 지역안정을 위협하는 요소들이 늘어나는 추세다. 전 세계가 동아시아를 경제발전의 새로운 엔진으로 주목하고 있지만, 정작 중심 국가인 한국, 중국, 일본의 갈등과 대립은 확대되고 있으며, 미국의 대아시아정책은 대중봉쇄 경향을 강하게 띤다. 1990년대 초 냉전이 붕괴되면서 미소 대결구조가 사라지고, 90년대 말 경제위기를 겪으면서 아시아국가라는 공동정체성과 다자협력 움직임이 확대되는 조짐이 보였다. 또한 지역협력과 다자협력을 제도화하기 위한 노력들도 활발하게 모색되었다. 그러나 2008년 미국과 유럽의 금융위기와 더불어 미국의 침체와 중국의 부상이 겹쳐지면서 지역공동체 논의는 약화되고 세력재편에 따른 갈등이 전면에 부각되었다.

미국 주도의 동북아 지역질서는 쇠락해가고, 미중의 패권경쟁과 함께 중일 간의 역내 패권경쟁, 그리고 일본의 재무장 우경화전략들이 지역 안정을 위협하고 역내 협력을 저해한다. 글로벌 차원에서의 미중의

8 공격적 신현실주의자들은 미국이나 중국의 정책적 선택에 관계없이 중국의 존재와 부상 자체가 안보 딜레마를 초래하기 때문에 충돌할 수밖에 없다고 주장한다. (Mearsheimer, 2001)

세력전이에 비해 동아시아 차원의 중국과 일본의 세력전이는 이미 많이 진행되었으며, 사실상 일본은 이미 중국에게 지역패권을 넘겨줬다고 볼 수 있다. 따라서 중국의 부상은 미국보다 일본에 훨씬 더 시급한 문제다. 게다가 중일 사이에는 역사논란과 영토분쟁으로 정치지도자들의 대화가 단절되고 악화된 국민감정은 좀처럼 회복되지 않고 있다. 게다가 아베정부는 이를 역으로 활용하고 있는데, 북한의 핵·미사일 위협과 중국의 부상을 빌미로 재무장을 노골화하는 동시에 미국과의 협력을 강화하면서 동맹에 의한 세력균형전략을 본격적으로 추진하는 것이다.

미국의 아시아전략은 동맹국들을 통한 아웃소싱을 원하고, 일본은 중미갈등을 활용해서 재무장을 강화하려 한다. 미중의 갈등과 협력의 이중구조에서 일본이 갈등촉진자의 역할을 자임하는 것이다. 미중과 중일 사이에 동남아 국가들에 대한 세력권 편입경쟁도 가시화되고 있다. 중국은 일대일로를 통해 서부 중국의 발전과 동남아 경제권을 함께 묶는 전략을 추구하고 미일은 중국의 부상을 부담스러워하는 베트남, 싱가포르, 미얀마, 그리고 인도를 잇는 벨트를 형성해 중국의 남하를 저지하려 한다. 일본은 더 나아가 미국과의 공고한 동맹을 바탕으로 러시아와의 협력도 모색하면서 중국의 부상을 적극적으로 견제하는 다차원 전략을 채택하고 있다. 러시아는 중국과의 전략적 협력으로 미국의 압박에 대응하는 가운데, '신동방정책'으로 극동 시베리아 지역 개발을 위한 역내국과의 협력도 모색하고 있다. 또한 아세안 국가들은 강대국들의 갈등과 상호 의존의 역설구조 속에서 편승과 헤징(hedging)이라는 이중전략으로 자신들의 이익을 확보하려고 애쓰고 있다.

세 번째 패러독스는 한반도에서 작동하는데, 분단의 남과 북이 서로에게 위협인 동시에 화해와 공존, 그리고 궁극적으로 통합의 대상이기 때문이다.[9] 분단구조의 지속과 핵무기 및 미사일 개발로 말미암은 안보위협으로 동맹 강화의 필요성이 증가하는 동시에 남북관계 개선의 요구도 함께 커지는 것이다. 하지만 냉전이 종식된 지 사반세기가 지났고 남북한의 국력이 엄청난 격차를 보이고 있는데도, 통일은커녕 평화공존의 가능성조차 낮아졌고 한반도에는 대결과 긴장이 심화되어 왔다. 탈냉전의 기회를 바탕으로 초기에는 분단질서를 극복하기 위해 남북이 관계개선을 모색하고 평화체제 구축을 모색해서 상당한 성과를 거두기도 했지만, 지금은 거의 모든 것이 무산된 채 최악의 상태로 빠져들고 있다(장달중 외, 2012:41). 남한은 북한에 대한 제재와 압박 이외의 정책을 내놓지 못하고 북한과 한반도의 안정적 관리에도 실패했다. 도리어 압박에 대한 북한의 반발이 이어지면서 위기지수를 높여 왔다.

더욱이 남북관계는 글로벌 및 아시아 패러독스를 강화하는 땔감으로 작동하고 있으며, 북한의 핵무기 고도화와 남북관계 악화로 한반도는 때로 분단고착을 넘어 전쟁위기에까지 이르고 있다. 남북관계가 악화되면서 한미동맹에서 군사적 요소가 가장 중요해졌고, 남북한은 물론이고 동북아 지역 전체에서 안보딜레마와 군비경쟁이 격화되었다. 이런 와중에 한국은 북한의 핵개발은 저지하지 못하면서 일본의 재무장과 미국의 대중봉쇄의 전위대가 될 가능성이 커졌다. 세계와 지역의 역설이 낳은 불안정성과 불확실성이 한반도에 투영되어 한반도 패러독

9 대통령 후보토론에서 쟁점이 되었던 북한 주적 논란은 바로 이런 측면을 반영한다. 문재인 대통령이 후보시절 북한 주적에 대한 질문을 받았을 때 '군사적으로는 우리가 대치하고 있고 위협이 되고 있는 적이 분명하지만, 다른 한편으로는 우리 헌법에 의해서 함께 평화통일을 해낼 상대' 라고 말했던 것이다.

스를 증폭시키고, 한반도 패러독스는 다시 상위의 두 패러독스를 강화시켜 악순환에 빠지는 것이다.

대한민국의 국내정치까지 감안하면 패러독스는 3중으로 끝나지 않는다. 보수정부 9년 반 동안 외교안보통일 담론을 국내정치에 적극 이용해 왔다. 특히 남북관계를 북한과의 기싸움과 국내보수층 결집을 위한 수단으로 적극 활용했다. 외교를 국내정치의 도구로 활용함으로써 외교의 기본은 사라지고 국익은 큰 해를 입었다. 이 과정에서 협상대상국을 전혀 고려하지 않고 한국이 세계의 중심이라고 과대포장하고, 민족주의적 경향을 앞세워 선명성 경쟁을 해왔다. 또 희망적 사고를 부추겨 과도한 기대를 하게 만들고 알맹이 없는 외교적 성과를 과장했다.[10] 게다가 국정원의 NLL 대화록 공개와 국방부의 전시작전권 환수 재연기에서 나타난 것처럼 국민의 안보불안 심리를 정치적으로 활용하는 안보 포퓰리즘이 전면에 대두되었다. 과거 유신시대를 연상시키듯 반공 이데올로기가 안보라는 이름으로 부활했으며, 통일과 평화 담론은 급격히 위축되었다. 안보를 군사력강화로만 보는 냉전시대의 사고를 되살려 국내정치적 효과로 반북친미 성향의 보수층을 결집시킨 것이다.

한반도를 둘러싸고 있는 3중의 패러독스에서 핵심변수는 아무래도 미중의 관계설정이 될 것이다(Kim, 2013). 즉, 2017년 새로 출범한 트럼프 정부의 아시아 재균형 전략 지속여부와 중국 시진핑 정부의 향후 10년간 외교 전략의 근간이 될 '신형대국론' 간의 관계설정을 주목해야

10 역대 정권 대개가 이런 성향을 지녔던 것이 사실이나, 박근혜정부는 그 도를 지나쳤다. 윤병세 장관이 미중 사이에서 어려움을 겪는 상황을 뒤집어 '양쪽으로부터 러브콜을 받고 있다'며 자화자찬하는 행위가 바로 그것이다. "윤병세, '미중의 러브콜 딜레마 아닌 축복,' 아전인수 논란," 『중앙일보』, 2015년 3월 31일.

한다. 세력권의 경계설정이 관건인데, 한반도, 중국·대만 양안, 동중국해, 남중국해가 그런 지점들이다. 이들 중 한반도는 가장 미·중의 가장 치열한 기 싸움 또는 기 싸움을 넘어 충돌의 발화점이 될 수 있다(Biswas, 2016). 이른바 단층선의 가장 중요하고도 위험한 지점인 한반도는 경계의 자리에서 이를 강화할지, 아니면 상호 완충의 역할을 할지 기로에 있다. 후자가 우리 국익과 지역의 평화를 위해 취해야 할 바람직한 선택임이 분명하나, 지금까지는 반대방향으로 진행해 온 것이 사실이다.

북한의 핵개발과 한국의 대북강경책은 미중갈등의 빌미가 되어버렸다. 사드 배치 결정은 동북아 단층선을 강화하는 변곡점이 되고 있다. 중국은 러시아와 함께 북한 핵개발을 미사일방어망 구축의 빌미로 활용하는 미국과 이를 충실히 수행하는 한국의 대척점에 설 수 있다. 그러나 박근혜 정부의 대응은 이러한 복잡한 상황에 비해 지나치게 원론적이고 단선적이었다. 북한의 선변화를 전제로 내걸어 대화에 소극적이었고, 남북관계 개선과 한중관계 모두 한미동맹의 종속변수로 다뤄왔다. 많은 기대를 불러일으켰던 한중관계 개선도 남북관계 복구 실패와 동맹일변도 외교로 말미암아 점점 동력을 상실해버렸다. 특히 근거 없는 북한붕괴론에 매달려 관계개선이나 협상노력은 뒤로한 채 대북압박의 수위를 올리는 데만 전념해 왔다.

4. 한미양국의 신정부 출범의 함의

2016년 말 혼란스러운 국제정세 속에서 트럼프가 예상을 깨고 정권을 잡았다. 2017년 초 출범한 트럼프 정부는 불가측성으로 국제정치를 더욱 불안정하게 만들었다. 4월초 트럼프–시진핑의 첫 정상회담 이후 기존의 예상보다는 협력분위기를 보였으나 패권갈등 구조가 쉽게 해소되기는 힘들 것이다. 북핵문제 역시 해결이 난망하고, 동북아 역내의 안보딜레마는 현저해지고 있다. 미국의 '중국 때리기(China Bashing)'는 언제든 재현될 수 있으며, 미일동맹 강화를 통한 대중압박 기조는 크게 변한 것이 없다. 문제는 방향인데, 미국의 트럼프 정부는 오바마 정부보다 안보와 경제 영역에서 미중의 경쟁 또한 훨씬 더 치열해질 수 있다.

트럼프는 다른 정책영역과 마찬가지로 대북정책에서도 포퓰리스트적 비일관성을 노정한다. 트럼프는 오바마 정부 8년간의 전략적 인내를 실패한 정책으로 규정하고 대북정책을 '최대의 압박과 관여(maximum pressure and engagement)'로 선언했다.[11] 대북정책 근본적 변화라고 주장하고 있지만, 구체적인 정책노선에서의 차이점은 여전히 모호하다. 중국에 대한 대북압박 강화 주문과 함께 사드 배치와 미사일방어망 확충을 포함해 군사력을 획기적으로 늘리겠다는 뜻도 밝혔다. 그리고 전에 없던 대규모 무력시위와 선제공격 불사론까지 나온다.[12] 반면에 북한정권의 교체는 고려하지 않으며, 조건이 맞는다면 김정은과 대화도 하겠다고 말하는 등 정책의 진폭이 여전히 너무 넓다.

---

11 Josh Rogin, "Trump's North Korea Policy is 'Maximum Pressure' But Not 'Regime Change,'" *Washington Post*, April 14, 2017.

12 미국의 진보지식인들이 많이 보는 더 네이션(The Nation) 지의 팀쇼락 기자는 최근 한반도 긴장상태를 보도하는 미국언론의 태도에 대해 선정적이며 대결을 부추기는 기사라고 강하게 비판했다. Tim Shorrock, "In South Korea, War Hysteria Is Seen as an American Problem," *The Nation*, April 17, 2017.

트럼프 집권 이후 군사적 봉쇄라는 강경책이든 전격적인 대화든 간에 한반도 안보지형에 대한 변화가능성이 오바마에 비해 커진 것은 사실이다. 일단 북한 핵문제의 해결이 트럼프 정부의 우선순위에 높은 자리를 차지하게 되었다는 점은 특기할 만한 일이다. 하지만 트럼프도 북핵문제 해결에 대한 마땅한 묘책은 없어 보인다.[13] 대내외적으로 북핵문제 시급한 해결 요구를 받고 있어 압박감을 느끼지만 중상주의자 트럼프에게 이익을 낼 수 있는 좋은 투자처가 아니다. 더 심각한 것은 미국이 북핵문제를 해결하기보다 북핵 위협을 대중봉쇄를 위한 동맹 강화에 활용할 가능성이 여전하다는 점이다. 이는 현재 미국의 외교안보를 사실상 이끌어가고 있는 군부의 의도와도 정확하게 일치하는 것이기도 하다. 한국에서 정권교체의 가능성이 높아지던 상황에서 사드 배치를 서둘러 진행했던 이유도 이것과 무관치 않다. 트럼프가 심지어 사드 배치비용의 한국부담을 요구한 대목도 앞으로 한국에 대한 압박을 가중시킬 전조로 해석될 여지가 많다. 한국의 역할 증진을 강하게 요구할 수 있는데, 사드 배치나 분담금 증액을 넘어 MD 참여는 물론이고, 한국이 미국의 아시아전략의 일부를 분담하는 식의 국방 분담까지 압박할 수 있다.

환갑을 넘긴 한미동맹 역시 겉으로는 격상이라는 과정을 거쳐 왔다고 말하지만 속내를 보면 빛 좋은 개살구다. 지난 수십 년간 한미관계의 불만과 개선 요구는 대부분 미국에서 나오고, 한국은 여기에 주로 순응하는 방식으로 편중되어 있다. 동맹의 미래비전으로 이명박 정부

13 "북한을 다루는 것이 미국 외교역사상 가장 큰 실패사례 중 하나"라고 진단한 전 미 국방장관 윌리엄 페리의 말은 결국 틀리지 않았다(Perry, 2015:171).

에서 시작해서 박근혜 정부가 견지했던 한미전략동맹은 미국의 세계전략의 변화에 대하여는 충실한 반영이 이루어지고 있는 반면, 한국의 입장에서 보면 동맹발전 또는 미래비전이라는 슬로건이 무색하게 지금까지의 대미의존적인 관계가 답습될 여지를 남겼을 뿐 아니라, 동등한 파트너라는 허울 아래 우리의 부담을 가중시키고 동맹의 연루위험을 증가시킨다.[14] 지난 60년간 군사안보분야를 넘어 사회규범과 정체성마저 일체화되면서 한미동맹은 어느 순간 실용적인 차원에서 다루어지지 않고 신화나 이데올로기가 되어버린 듯하다. 한미동맹이 미일동맹을 포함한 다른 비대칭동맹과 비교해도 훨씬 종속적인 관계가 제도화되었던 것이다(Suh, 2007:14). 60년은 친미세력의 제도화와 친미인식의 체질화가 관성으로 자리 잡을 수 있었던 긴 기간이다.

트럼프 행정부는 불가측성을 가지고 있다고는 하지만, 한미동맹의 비대칭성의 구조와 관성은 지속될 것이고 이는 문재인 정부가 감당해야 할 무거운 부담이다. 미국의 동북아에 대한 전략목표는 분명하며, 한미동맹은 그 목표 아래 종속된다. 패권하락에도 불구하고 중국을 견제하고 영향력을 계속 유지하겠다는 미국의 기본 목표에는 변함이 없다.[15] 전략의 성패는 한국과 일본의 참여를 통한 아웃소싱 여부에 달려있다

---

14 전략동맹에 대해 비교적 긍정적인 평가를 하는 분석들도 공통적으로 한미동맹의 체제를 유지하되 한미동맹의 배타성, 특히 중국을 포위하는 것으로 비쳐질 우려를 어떻게 극복하는가가 향후 동맹의 중요한 과제라고 지적하고 있다(최강, 2008; 이상현, 2005).

15 한미전략동맹은 출발부터 중국문제와 특히 밀접하게 관련될 것임을 분명히 했다. 부시 전 미국대통령이 2008년 4월 한미정상회담 후 기자회견에서 "중국 문제가 한미 양국이 건설적인 방식으로 협력할 수 있는 기회라는 것을 인식하는 것이 21세기 동맹관계에서 대단히 중요하다." 라는 발언을 했다. 정욱식, "'전략동맹' 하려면 상호방위조약부터 고쳐라,"『오마이뉴스』2008. 04. 21.

고 해도 과언이 아니다. 미국은 가능하다면 한미일 삼각동맹을 구축하고 싶은 것이다. 이명박 정부에서부터 시도되었고, 박근혜 정부가 기어코 강행한 한일 위안부합의와 군사정보보호협정체결은 본격적 포석이었다.[16] 한국의 강한 반대에도 불구하고 일본의 집단적 자위권 행사를 지지했던 것도 같은 맥락이다.[17] 한국이 그렇다고 일본과 이어지는 삼각동맹에 참여할 경우 국내적으로는 여론의 반발을, 국제적으로는 중국과의 관계가 큰 어려움에 봉착하게 된다는 점에서 향후 한국외교가 당면할 매우 어려운 선택이 될 것이다.

5. 문재인 정부의 대외정책방향

"안보 위기도 서둘러 해결하겠습니다. 한반도의 평화를 위해 동분서주하겠습니다. 필요하면 곧바로 워싱턴으로 날아가겠습니다. 베이징과 도쿄에도 가고, 여건이 조성되면 평양에도 가겠습니다. 한반도 평화 정착을 위해서라면 제가 할 수 있는 모든 일을 다하겠습니다. 한미동맹은 더욱 강화하겠습니다. 한편으로 사드문제 해결을 위해 미국 및 중국과 진지하게 협상하겠습니다. 튼튼한 안보는 막강한 국방력에서 비롯됩니다. 자주 국방력 강화를 위해 노력하겠습니다. 북핵문제는 해결할 토대

---

16 Sang-Hun Choe, "South Korea Postpones Military Pact With Japan," *The New York Times*, June 29, 2012.

17 아베 정권의 우경화드라이브는 미국의 이런 구상에 도움이 되는 반면, 한국의 대일강경책과 한일관계의 악화는 미국의 구상을 꼬이게 만들었다. 미국이 한국의 입장에 정서적으로는 공감할 수 있지만 국익의 측면에서 일본의 손을 들었다.

도 마련하겠습니다. 동북아 평화구조를 정착시켜 한반도 긴장완화의 전기를 마련하겠습니다."

이것은 대선 승리 다음 날 약식으로 진행된 취임식에서 발표한 12분짜리 연설 가운데 외교안보통일에 대한 부분인데, 문재인 대통령의 핵심철학이 녹아 있다. 공약집 주요내용과 더불어 한마디로 요약하자면, 외교는 국익우선의 실용주의 노선을 견지하지만, 방법은 국제사회와 협력하겠다는 것이고, 안보는 국방능력 증강을 통해 북한도발 및 한반도의 위기상황을 관리하는 책임안보를 하겠다는 것이다.[18] 또 대북 및 통일정책은 제로상태에 빠진 남북관계의 복원을 통해 비핵화를 진전시키고 평화체제 및 경제통합에 노력하겠다는 것이다.

문재인 정부가 내세우는 협력외교는 미중갈등이 심화되는 상황에서 안보의 대미편중과 경제의 대중편중의 기형적 구조를 국익에 철저하게 기초하면서도 주변국과의 협력외교를 통해 문제를 해결한다는 것이다. 이를 위해 한미동맹 일변도나 미중 사이의 기계적 균형외교나 경직된 원칙외교를 탈피하고, 국가별 및 사안별로 실용적인 유연성을 발휘하겠다고 주장한다. 또한 자국우선주의가 만연하는 동북아에서 양자외교와 동북아 다자외교를 적절하게 병행하는 외교를 하겠다는 의미다. 한미동맹을 중심축으로 하되 미중갈등 국면에는 완충을, 미중협력 국면에는 촉진을 위해 동북아 다자외교를 적절하게 병행하는 외교이다. 또한 정부 간 트랙 I 외교와 민간의 트랙 II 외교를 필요에 따라 혼합함으로써 미중갈등이 한반도에서 충돌하지 않도록 다양한 층위의 전략적

---

18 유신모·이지선, "2017 시민의 선택: 안보와 성장, 분리해선 안 돼…북방경제 실용적 접근할 것," 『경향신문』, 2017년 4월 24일.

소통을 통해 협력을 제고하겠다는 것이다.

현 상황에서 시급하고도 중요한 주변 4강 외교는 한미동맹의 재설정으로부터 시작한다. 미국은 쇠퇴론에도 불구하고 여전히 국제질서 표준과 아젠다 설정의 능력을 가진 초강대국 위상을 가지고 있으며, 한국의 유일한 군사동맹이자 한반도와 동북아의 평화 유지에 필수적인 국가로 인식된다. 오랜 역사를 가진 동맹과 우호적 관계를 유지하되 다원적 전략동맹으로서 글로벌 차원의 협력을 확대하는, 미래 지향적 한미동맹을 정립하고자 한다. 또한 사드, 주둔 분담금, 한미 FTA 재협상 등 민감한 현안들이 존재하기 때문에 동맹관리가 매우 중요하다고 인식하면서 인내를 가지고 해결에 나서겠다는 것이다.

한편, 중국에 대해서는 세계 2위 경제대국이자 한국의 최대 교역국에 걸맞는 전략적 외교를 강화할 것으로 보인다. 정치안보협력의 수준 제고와 실질협력 확대를 통해 진정한 의미에서의 '전략적 협력동반자 관계'를 실현하겠다는 계획을 가지고 있으며, 북핵 및 북한의 개혁개방, 통일 등 한반도문제 관련 전략적 소통을 한층 강화한다는 계획을 가지고 있다. 그럼에도 최근 사드 배치와 관련된 중국의 제재국면을 경험하면서 지나친 대중 경제의존도를 중장기적으로 감소하는 노력도 필요하다고 인식한다. 한미일 군사협력으로 인한 한중갈등이 안보문제를 넘어 다른 영역으로 확산될 가능성 차단하는 등 사드 배치문제를 포함한 주요현안들에 대한 창의적 해결 방안도 모색하겠다는 것이다.

일본과는 한일위안부합의와 군사정보보호협정을 놓고 갈등의 소지가 많다. 일단은 재검토를 하고 필요하다면 재협상과 폐기를 진행하겠지만 일본이 응하지 않을 경우 '투트랙(two track)'으로 간다는 입장이다. 즉, 북한 핵문제에 대한 전략적 협력과 한국의 제2의 교역대상국으로서 경제협력 등에서는 실용적인 입장을 견지하되 위안부, 독도, 과거사 문제들은 원칙으로 대응하되 중장기적으로 일본의 변화를 촉구한다는 것이다. 마지막으로 러시아인데, 유럽과 아시아에서 강화되는 러시아의 영향력에 주목하고 관계발전을 모색할 계획이다. 러시아는 북핵문제 해결 및 한반도 평화정착과 통일여건 조성을 위한 주요 파트너이며, 에너지 등 자원 협력과 기초산업과 미래 산업 육성에 필요한 기술협력 대상이다. 박근혜 정부의 실패한 유라시아이니셔티브의 경험을 참고삼아 새로운 북방정책을 펼쳐갈 예정이다.

주변 4강 외교와 함께 추진될 것으로 보이는 것이 동북아 지역비전 및 다자외교 공약이다. 미중 대결구조가 심화될 경우 진영대결로 갈 수 있기 때문에 동북아 다자외교는 쉽지 않을 것이지만, 오히려 그것을 대비하기 위한 카드로서 진영을 초월하는 다자외교가 시급하다는 인식하에 '동북아플러스책임공동체'를 공약으로 내세웠다. 동북아가 우리 생존의 영역이라면, 이를 뛰어넘는 한국외교의 확장이라는 면에서 플러스가 가지는 의미는 3중적이다. 먼저 공간적으로는 동북아가 대한민국의 생존이 달린 핵심지역임을 인정하고 최우선 순위로 대처해야 하는데는 이견이 없지만 동시에 동북아의 틀에 갇혀버릴 경우 생존문제에만 급급할 수 있고, 안보딜레마와 진영대결을 오히려 강화할 수 있다는 점에서 플러스로 확대한다는 의미다. 플러스의 범주에는 아세안, 몽골, 인도, 호주, 러시아, 유럽까지 포함되어 있다. 또한 이슈영역의 플러스인데, 정치적 생존을 넘어 경제적 공영, 그리고 사회문화의 영역까지 확대하자는 의미이며, 가치외교와 공공외교까지 포함한다. 그리고 세 번째 함의는 참여정부 당시의 '동북아시대'를 업그레이드한다는 것이다.

〈표 1〉 공약집에 나타난 문재인 정부의 외교안보통일 정책방향

3가지목표	1) 안보–유능한 안보, 강한 대한민국 2) 남북관계–비핵화와 평화로운 한반도 3) 외교–당당한 협력외교
국방력 강화	– 한미확장억지력 강화 및 독자적 핵심전력 구축 – KAMD와 킬체인 조기 구축 – 전시작전통제권 임기 내 환수
한미동맹 강화	– 한미동맹은 외교의 근간이며 안보의 핵심[19] – 국익우선의 실용주의: 호혜적이고 건설적 관계 – 북핵문제 해결을 위한 한미공조원칙 지속
한반도 비핵화와 평화체제 구축	– 단계적–포괄적–근본적 해결추진 – 남북의 우발적 군사충돌방지와 군사긴장 완화 – 대화와 제재 병행 및 주변국들과 긴밀한 공조 – 6자회담 복원과 양자 및 다자회담의 적극 활용
국익우선의 협력외교	– 동북아플러스책임공동체 구축 및 주도 – 역내안보와 경제협력을 제도화해서 공동 책임 요구 – 동북아가 핵심이지만 이를 넘는 플러스 외교 지향
남북관계 복원을 통한 북한 변화	– 국제사회의 대북제재체제를 훼손하지 않는 범위 내에서 유연한 접근 – 남북대화를 비핵화와 병행 추진 – 남북기본협정체결을 포함한 남북관계의 제도화 – 남북 경제통합과 한반도 신경제벨트 – 경제영역을 북한과 유라시아대륙으로 확장

19 당선 직후 트럼프와의 통화에서 한미 동맹에 대해 문 대통령은 "우리 외교안보 정책의 근간"이라고 말했고, 트럼프 대통령은 "위대한 동맹관계"(not just good ally but great ally라고 화답했음.

6. 외교정책 제언

새로운 정부의 대외정책은 기존의 잘못된 정책을 근본적으로 전환하는 것부터 시작해야 한다. 지난 9년 반의 이명박·박근혜 정부의 외교·안보·국방 정책은 내용은 말할 것도 없고 정책결정시스템이 붕괴되었다는 판단하에서 전적 쇄신이 필요하다. 가장 시급한 것은 친미 편중의 냉전·분단 프레임 외교, 남북관계 파탄, 그리고 대내외적 안보포퓰리즘으로부터의 전환이다. 핵심 문제의식은 중미패권경쟁이 격화되고, 한반도 주변 상황이 진영대결로 가고 있는 상황에서 한반도의 안정을 유지하는 일과, 북한의 비핵화는 멀어지고 핵무기의 고도화는 걷잡을 수 없이 빨라지는 상황에 어떤 식으로 대응해야 하는가이다. 앞에서도 지적한 것처럼 미중의 전략적 이해 충돌의 잠재적 발화점 중 가장 위험한 지역인 한반도가 한국전쟁 이후 전쟁 위험이 최대치로 높아졌기 때문에 군사충돌을 막을 수 있는 안전장치를 시급히 마련하고, 군사행동이 아닌 대화와 외교로 해결될 수 있는 분위기 조성에 노력해야 한다.

이를 위해 배타적 민족주의 기류에 동조해서는 결코 안 된다. 특히 대중봉쇄를 겨냥한 미일동맹이 일본의 재무장을 강화함으로써 지역패권대결로 치닫는 것은 결코 도움이 되지 않는다. 급변하는 국제환경과 악화된 한반도 상황에 적응하는 것만도 쉽지 않지만 북·중·러와 미·일의 갈등구도에 밀려 한쪽 진영을 배타적으로 선택하거나 반대로 모호한 정책으로 일관하는 일은 결코 현명한 길이 아니다. 우리는 적극적으로 상황을 개선하고 돌파해 나가야 한다. 남북회담의 추진은 물론이고, 북미회담의 중재와 6자회담 재개를 통해 9.19 공동성명에서 마련한 비핵화와 평화협정체결에 나서야 할 것이다. 이 과정에서 다른 주변국들과 함께 협력하고 제도화하는 과정이 필요하다. 한반도 평화는 동북아 지역안보질서와 밀접한 관련을 가지고 있을 수밖에 없다. 그러므로 사드 배치와 한미일 군사협력으로 동북아 군비경쟁이 본격화됨으로써 협력안보의 가능성이 사라지는 상황에 제동을 걸고, 협력외교를 통한 역내의 공동번영과 평화를 주도해야 한다.

현 역내상황에 대한 대안은 결국 진영을 초월하는 다자협력이지만, 실효성 있는 대안을 찾고, 그것을 구현하기란 쉽지 않다. 세력전이에서 비롯되는 갈등과 충돌의 가능성이 상존하는 한편, 상호의존과 취약성의 증가로 공동 관리의 필요성이 대두하지만 다자간 조정기구의 부재로 매우 제한적인 대처만 가능한 상태다. 현재 당면하고 있는 정세가 훨씬 더 복잡하고 어려운 딜레마적 상황이라는 점에서 정치적 수사나 이상주의적 외교담론으로 현실을 극복하기는 거의 불가능에 가깝다. 기능주의의 낙관적 주장과는 달리 연성이슈에서 협력이 일어난다 해도 경성이슈로 '확산(spillover)'되기는 어렵다.[20]

그럼에도 불구하고 우리가 활용해볼 틈새가 없지 않다. 그중 하나가 평화, 민주주의, 협력 같은 가치외교의 부활이다. 미·중이 점점 가치를 외면하고 권력경쟁에 몰두할 때 한국은 중견국가들과 함께 오히려 가치외교를 내세울 필요가 있다. 특히 평화와 경제성장의 담론은 매력적인 동시에 긴요하다. 우리를 둘러싼 패러독스의 협착구도의 영향을

20 패러독스라는 용어 자체가 높은 경제적 상호의존도라는 연성이슈의 협력관계가 경성이슈로 확산되기 어려운 현실 때문에 나온 용어라는 것을 감안하면, 결국 순환논리에 빠지게 되는 것이다(Hoffman, 1966; Eilstrup-Sangiovanni, 2005:145-158).

가장 많이 받을 국가는 한국이라는 엄중한 인식과 함께 당면한 복잡성, 불안정성, 불확실성을 극복하기 위해서는 평화주도국가로 발돋움이 필요하다.

일단 문재인 정부는 촛불혁명의 계승과 정권교체의 프리미엄을 등에 업고 상당한 정책추진력을 가지고 출범했다는 사실이 매우 중요하다. 또 대북여론 악화도 현실이지만, 남북관계 파탄으로 인한 긴장과 위협을 대화를 통해 타개하기를 원하는 국민들이 많다. 게다가 취임 직후 미중을 비롯한 주요국 정상들이 빠르게 접촉하면서 한국의 역할을 기대하고 있다는 것도 플러스 요인이다. 한미양국의 초기 소통과정과 정상회담의 조기 개최에 합의한 것도 나쁘지 않다. 중국 역시 한국에 대한 기대를 숨기지 않았고, 한일위안부합의안을 놓고 재협상 절대불가의 이견을 드러내왔던 일본도 문재인 정부 출범 이후에는 유연한 모습을 보이고 있다. 아직 판단하긴 이르지만 최근 상황들을 종합해보면 소위 '코리아 패싱'이 무색할 정도로 한국이 역할을 발휘할 여건과 공간이 조금씩 확대되고 있는 것은 분명하다. 앞으로 우리가 어떻게 하느냐에 따라 외교공백으로 인한 손해보다 후발주자의 이점을 충분히 이용해 상황을 유리하게 이끌어갈 수도 있을 것이다.

트럼프의 예측 불가능한 대외정책기조가 주는 스트레스가 매우 높지만, 역설적으로 미국발 동맹조정 또는 변화 시도는 적절한 대응을 통해 그간의 동맹관성을 극복할 수 있는 기회로 삼을 수 있다. 한미의 비대칭동맹구조에서 동맹의 범위가 모호한 것은 곧 미국의 요구와 압박에 취약하다는 것을 충분히 경험해 왔다. 따라서 동맹의 범위를 한반도 방위를 주목적으로 하고, 지역동맹의 역할을 보조적 목적으로 삼아야 한다. 즉 한미안보에 위해가 되지 않는 특정국을 겨냥하는 동맹은 회피해야 한다는 점에서 미국의 아시아전략의 핵심인 대중봉쇄를 위한 한미일 3각 동맹 구축이나 지역 미사일방어망 참여는 원천적으로 배제해야 한다. 이 외에 미국의 대북 선제공격은 한국의 사전 동의를 반드시 필요로 한다는 부분도 확실히 해야 한다.

요약하자면 문재인 정부의 대외정책은 지금까지 살펴본 부담과 악조건을 최소화하고 기회요인을 최대화하는 방안 마련에 성패가 달려있다. 이를 위해 연계전략이 필수적인데, 이유는 다음 세 가지다. 북핵, 주둔분담금, 사드 배치, 전작권 환수 등 한국이 당면한 외교현안들의 상호 연관성이 매우 높다는 점, 그리고 매우 정치 이념화되었다는 점, 그리고 우리보다 강한 주변 강대국들을 상대해야 한다는 점에서 이슈별로 분리해서 대응하는 것은 바람직하지 못하며, 치밀한 연계전략을 채택해야 한다. 예를 들면 제재와 압박을 강화함으로써 북한에 대한 대화유인을 증가시키고, 대화국면이 가능해지면 사드 배치 속도조절 또는 중단문제로 연계시키는 것이다. 방위비분담 문제도 사드 배치와 심지어 FTA 재협상문제와도 연결시킬 수 있다.

이를 위해 체계적이고 전문적인 정책결정시스템을 반드시 정착시켜야 한다. 박근혜 정부의 가장 큰 문제로 지적된 것이 정책결정시스템의 부재한 상황에서 대통령의 심기에만 의존한 것이었다. 또한 한미동맹 절대론 또는 친미파의 패권적 양태가 지속되고 있는 것도 큰 문제다. 여기에 대외정책을 결정함에 있어 국익과 민생을 고려하지 않는 비실용적 근본주의 정책성향도 문제다. 우선순위와 장기 전략이 결여된 대증요법으로 점철돼 온 것이다. 차기정부는 이 같은 점들을 엄중히 인식하고 대증적 의사결정 구조를 혁파하고 종합적 국가전략을 수립하여, 이를 상시적으로 점검하는 체계를 갖추어야 한다.

7. 결론과 전망

지금까지 살펴본 것처럼 뉴노멀 담론과 한반도를 둘러싼 전략 환경이 예견하듯이 1920년대 말 대공황과 제2차 세계대전 직전의 위기상황에 비견되는 시대가 현실화되고 있다. 불확실성, 불안정성, 불평등성, 그리고 복합성의 증대 속에 저금리, 저성장, 저소득의 경제적 측면과 민주주의의 위기, 사회불안, 대결적 국제정치를 일종의 '디폴트'로 살아가야 할지도 모른다. 피케티가 지적했듯이 일을 해서 버는 노동소득이, 돈이 돈을 버는 자본소득을 따라잡을 수 없는, 즉 자본이 없는 사람이 아무리 일해도 가난을 극복하지 못하는 현 체제하에서 불평등은 심화될 수밖에 없다(Piketty, 2014). 국제정치적으로는 미중 세력전이와 극우 포퓰리즘에 따른 갈등이 심화되고 있다. 대외정책에 대한 국내정치의 영향력이 나날이 커짐에 따라 안보담론이 평화담론을 크게 위축하고 있다. 내부단결과 권력공고화를 위해 강경하고 민족주의적인 대외정책을 우선적으로 채택하고 있는 것이다(Kupchan, 2013: 31).

구조 및 지정학적 변수를 함께 내포한 미국 패권의 하락과 중국의 부상에 따른 불안정한 동북아와 한반도의 역학은 국가의 명운이 걸린 엄청난 부담으로 다가오고 있다. 한민족의 미래가 국내정치적으로는 기득권의 인질이, 그리고 국제정치적으로는 패권경쟁의 인질이 될 수도 있다. 우리 입장에서는 강대국들의 권력재편의 소용돌이에 속수무책으로 함몰되지 않도록 남북관계개선을 통해 미중관계가 나쁠 때는 갈등의 완충자로서, 좋을 때는 협력의 촉진자로서의 역할을 감당해야 한다. 미국의 전략에 일방적으로 끌려가는 외교 전략에서 벗어나 미국을 설득해 유연한 대북 및 대중관계를 이끌어내는 영민하고 실용적인 외교를 해야 한다. 한반도 평화체제를 이루기 위해서 반드시 통과해야 하는 것이 남북관계의 정상화와 북미관계 정상화이다.

주변국들과의 관계에서는 안보포퓰리즘에 대항해 평화담론을 적극적으로 키우지 않으면 안 된다. 평화결손의 한반도가 오히려 그 결손을 메움으로써 세계에 희망을 던질 수 있다. 2016년에 서울을 방문한 평화학의 대가 요한 갈퉁 교수는 안보를 통한 평화보다, 평화를 통한 안보가 더 중요하다는 취지의 말을 했다. 전쟁이나 무기에 의한 폭력적인 수단으로 평화는 불가능하다는 일평생의 지론의 연장이다.[21] 공존과 평화를 지향하는 대외정책을 견지함으로써 대결을 조장하는 극우 민족주의에 적극 대응하는 논리로 삼으면 좋을 것이다.

우리는 천신만고 끝에 새로운 정부를 맞았다. 정권교체가 모든 문제의 자동적 해결은 결코 아니지만 1차적인 필수 관문인 것은 분명하다. 이제부터 중요한 것은 촛불의 의미를 심장 깊이 새기고, 촛불이 태워버리고자 했던 분단체제와 종북프레임의 극복에 나서야 한다. 분단의 현실 안에서 가장 극복하기 어렵지만 더 이상 미룰 수 없을 만큼 시급해졌다. 내부적으로는 촛불에도 타지 않고 좀비처럼 되살아나 여전히 분단체제에 기생하며 기득권을 유지해온 안보장사치들을 정리하고, 외부적으로는 극우민족주의 강경파들이 득세하는 한반도 주변 국제질서에서 중심을 잡고 주도적인 외교로 평화를 이끌어내야 한다. 미국을 우리 국익보다 더 우선시하는 동맹중독증에 사로잡힌 사람들이 자초한 사면초가의 위기를 슬기롭게 극복하되, 현실감과 균형감을 지니고 미중갈

21 이재봉, "'평화학의 아버지' 요한 갈퉁 교수와의 대화: 광주와 미국을 통해 보는 한반도 평화," 『통일뉴스』, 2016년 7월 20일.

등에 휘말리지 않고, 남북관계개선을 통해 운신의 폭을 만들어내야 한다.

생존에 대한 끊임없는 위협과 공포를 숙명으로 받아들인다면야 외교가 필요치 않을 것이다. 그러나 외교는 안보를 확보하는 가장 값싼 방법이며, 평화는 안보가 지향해야 하는 궁극적 목표다. 두 가지 갈림길이 우리 앞에 놓여 있다. 하나는 여전히 세계최강인 미국이 무분별한 무력행사에 나서고 부상하는 배타적 민족주의가 맞대응함으로써 파국의 소용돌이로 치닫는 길이다. 다른 하나는 세계의 집단지성이 저항하고, 양극화와 저성장이라는 자본주의의 최대위기를 민주주의와 국제협력의 회복을 통해 풀어내는 길이다. 후자로 가야 하는 당위성은 분명하지만 길이 점점 좁아지는 것도 사실이다. 이 시점에서 '광화문의 기적'을 등에 업고 후자를 위해 힘을 보태야 할 것이다. 이것이 세계가 함께 사는 길이다.

■ 참고문헌

김준형. 2015. "아베정부의 안보정책 전환과 미국의 재균형 전략: 한·미·일 관계를 중심으로." 『아세아 연구』 58(4):53-55.

문은석. 2014. "아베정권의 우경화와 동북아 안보 향배: 집단적 자위권 추진과 대응방향을 중심으로." 『일본문화연구』, 50:85-103.

이상현. 2005. "미 군사변환의 세계전략과 동맹 네트워크." 『국가안보패널 정책보고서』 9:1-24

장달중, 이정철, 임수호. 2012. 『북미대립: 탈냉전 속의 냉전대립』. 서울대학교 출판부.

장시복. 2016. "'뉴노멀'이 한국 사회에 던지는 경고." 『릿터』, 8/9월호.
최강. 2008. "한미동맹 현황과 발전을 위한 과제: 제3차 한미 정상회담 결과를 중심으로." 『주요 국제문제분석』. 2008. 8.11.

Biswas, Rajiv. 2016. "Asia's Future Wars: Geopolitical Risks in the Asia-Pacific." in *Asian Megatrends*. Palgrave Macmillan.
Calder, Kent E. 2004. "US Foreign Policy in Northeast Asia," In Kim, Samuel S. *The International Relations of Northeast Asia*. Rowman & Littlefield.
Cumings, Bruce. 2011. *The Korean War: A History*. The Modern Library.
Eilstrup-Sangiovanni, Mette. ed. 2005, *Debates on European Integration: A Reader*. Palgrave Macmillan.
El-Erian, Mohamed, 2008. *When Markets Collide: Investment Strategies for the Age of Global Economic Change*. McGraw-Hill Education.
Hoffmann, Stanley. 1966. "Obstinate or Obsolete? The Fate of the Nation-State and the Case of Western Europe." *Daedalus* 95(3):862-915.
Kim, Joon Hyung. 2013. "Letting Off Steam: South Korea's Role in Northeast Asia." *Global Asia*, 8(1):24-29.
Kupchan, Charles A. "From Enmity to Amity: Trust's Part in US Foreign Policy." *Global Asia* 8(3):26-31.
Manin, Barnad. 1997. *The Principles of Representative Government*. Cambridge University Press.
Mearsheimer, John, 2001. *The Tragedy of Great Power Politics*. W. W. Norton and Company.
Perry, William. 2015. *My Journey at the Nuclear Brink*. Stanford University Press.

Piketty, Thomas. 2014, *Capital in the Twenty First Century*. Belknap Press.

Rudd, Kevin. 2013. "A Maritime Balkans of the 21st Century?" Foreign Policy, January 30.

Suh, Jae Jung, 2007. *Power, Interest, and Identity in Military Alliances.* Palgrave Macmillan.

제3장

문재인 정부에게 보내는 안보 정책 제언: 북핵과 사드 문제를 중심으로

정욱식 | 평화네트워크 대표

1. 들어가며

어느덧 최초의 수평적이고 민주적인 정권교체가 이뤄진 지 20년이 다가오고 있고, 역사적인 6.15 남북공동선언이 발표된 지도 17년이 지나고 있다. 그리고 촛불 혁명에 힘입어 등장한 문재인정부는 햇볕정책을 창조적으로 계승·발전시켜 '진짜안보'를 구현해야 할 역사적인 책무 앞에 서게 됐다.

김대중 정부의 업적과 6.15 공동선언의 역사적 의미와 현재적 과제에 대해서는 이미 숱한 논의들이 있어 왔다. 이에 필자는 본격적인 발표에 앞서 안보 문제와 관련해 김대중 전 대통령이 남긴 세 가지 숙제를 현재적 관점에서 언급하고자 한다.

먼저 제2의 페리 프로세스의 '절박성'이다. 김대중 정부는 임기 첫해인 1998년 8월 북한의 금창리 핵 의혹 사건과 광명성 1호(대포동 1호) 발사로 중대한 도전에 직면했었다. 당시 미국 내에선 제네바 합의 파기론과 북한 위협에 대처하기 위한 미사일방어체제(MD) 논의가 극성을 부렸다. 심지어 예방적 대북 선제공격론도 불거졌다. 하지만 김대중 정부는 이를 전화위복의 계기로 삼았다. 대북정책 재검토에 착수한 클린턴 행정부를 집중적으로 설득해 한국 주도의 '페리 프로세스'를 탄생시켰다. 가히 한미관계 역사에서 가장 성공적인 대북정책 공조가 아닐까 한다.

하지만 페리 프로세스는 종착역을 앞에 두고 탈선하고 말았다. 미국의 정권교체 때문이었다. 그리고 이 미완의 과제를 달성해야 할 몫은 우리에게 남겨졌다. 때마침 트럼프 행정부는 대북정책을 놓고 절치부심하고 있다. 한국에선 촛불혁명 덕분에 정권교체도 이뤄졌다. 북핵 문제도 악화일로를 걷고 있다. 이에 따라 문재인 정부는 트럼프 행정부와 함께 '제2의 페리 프로세스'를 추진해야 한다. DJ 주도의 페리 프로세스가 오늘날 전하고 있는 교훈은 단순 명쾌하다. '복잡해 보이는 한반도 문제를 단순화하라.' 스티브 잡스의 표현을 빌리자면 "복잡함의 궁극은 단순함"에 있으며, 복잡해 보이는 한반도 문제의 단순함은 바로 '냉전 구조'에 있다. 냉전 구조를 청산하는 과정에서 북핵 문제 해결의 열쇠도 찾을 수 있을 것이다. DJ가 남긴 첫 번째 숙제가 아닐까 한다.

둘째는 ABM 조약 파동의 '교훈'이다. 2001년 2월 한·러 정상회담에선 "탄도미사일방어(ABM) 조약이 전략적 안정의 초석이며 이를 보존·강화한다"는 내용이 포함되었다. 그러자 크렘린에선 환호가, 백악관에선 비명이 터져 나왔다. 이 파동의 경위는 김대중 정부가 ABM 조약의 민감성을 제대로 파악하지 못하고 기존의 국제적 관례에 따라 이 조항에 동의했다는 데에 있었다. 클린턴 행정부까지만 하더라도 ABM 조약을 유지한다는 입장이었지만, 조지 W. 부시 행정부는 MD 구축을 위해 이 조약의 파기를 호시탐탐 노리고 있었다는 점을 간파하지 못했던 것이다. 급기야 부시 행정부는 워싱턴 방문을 앞둔 김대중 전 대통령에게 MD를 지지하고 한국도 참여하겠다고 선언하고 오라는 취지의 요구까지 내놓았다. 하지만 DJ는 이를 수용하지 않았고 이로 인해 '역사상 가장 실패한 한미정상회담'이라는 일각의 비난까지 받았다.

그렇다면 ABM 파동이 오늘날 의미하는 바는 무엇일까? 세 가지만 짚고 싶다. 하나는 한반도 문제가 미국, 중국, 러시아 등 핵 강대국들의 전략적 관계 및 균형에 핵심 변수가 되어왔다는 점이다. 이는 오늘날 사드 문제에 대한 우리의 대처 방향에도 시사하는 바가 대단히 크다. 또 하나는 한미정상회담 '성공'의 판단 기준이다. 만약 DJ가 부시의 요구를 수용했다면, 한미정상회담 자체는 성공적으로 끝날 수도 있었다. 하지만 그 대가는 총체적인 국익의 손실이었을 것이다. 끝으로 DJ가 부시의 요구를 거부했음에도 불구하고 이후 한미관계는 거의 '이상 무'였다는 점이다. 미국의 사드 배치 요구를 거부하거나 재검토하자고 하면 한미동맹이 무너질 것처럼 호들갑을 떨고 있는 우리 안의 '공미증(恐美症)'을 성찰해봐야 하는 것이다. 이러한 세 가지 교훈을 바탕으로 사드 문제를 슬기롭게 풀어야 한다는 게 DJ가 남긴 두 번째 숙제가 아닐까 한다.

셋째는 군비통제와 군축의 '실종'이다. 김대중 정부의 안보 전략에는 군비통제 및 군축 정책도 담겨 있었다. 하지만 노무현 정부 이후 이러한 정책은 사실상 자취를 감추고 말았다. 정부 정책뿐만 아니라 학계에서도 거의 찾아볼 수 없다. 그리고 문재인 캠프는 임기 내에 국방비를 GDP 대비 3%로 올리겠다는 공약도 제시한 바 있다.

'북핵 위협이 고도화되는데 무슨 군축이냐'는 반문이 나올 수 있다. 하지만 거꾸로 묻지 않을 수 없다. '세계 최대의 군사적 밀집 지역이자

제2의 핵시대로 접어든 한반도에서 군축 전략 없이 과연 비핵평화체제를 구축할 수 있느냐'고 말이다. 당장 한국이 군축을 추진해야 한다는 취지는 아니다. 적어도 대규모의 군비증강이 북핵 문제에 미칠 부정적인 영향을 심사숙고하면서 군축 연구와 정책 마련을 되살릴 필요가 있다는 취지이다. 날로 늘어나는 복지 수요를 감당하기 위해서라도 군비 제한은 필요하다. 군비통제와 군축을 통한 평화·복지·자주국방을 추구해야 한다는 게 DJ가 남긴 세 번째 숙제가 아닐까 한다.

문재인 정부의 안보 정책에 대한 제언을 하고자 작성된 이 글은 여러 가지 안보 현안 및 정책을 나열식으로 다루기보다는 북핵과 사드 문제에 초점을 맞췄다. 크게 네 가지 이유 때문이다. 첫째는 문재인 정부 스스로 밝히고 있는 것처럼 이들 두 가지 문제가 최대 현안이자 당면 과제이기 때문이다. 둘째는 이들 사안의 전개 양상은 다른 안보 과제뿐만 아니라 국가 전략과 국운에 심대한 영향을 미칠 수 있기 때문이다. 셋째는 그럼에도 불구하고 문재인 정부의 초기 정책과 접근에 우려스러운 부분이 많다는 것이다. 끝으로 문재인 정부가 혹시 첫 단추를 잘못 꿸 가능성이 있다면, 지금이야말로 바람직한 문제 해결 경로와 방식을 공론화해야 할 시점이라고 믿고 있기 때문이다.

2. 문재인 정부의 안보 정책과 이에 대한 비판적 검토

문재인 대통령의 안보관은 '종합 안보', 혹은 '포괄 안보'라는 표현으로 요약할 수 있다. 이는 문 대통령이 외교관 출신의 정의용 전 제네바 대사를 청와대 국가안보실장으로 임명하면서 "과거 정부에서는 안보를 국방의 틀에서만 협소하게 바라본 측면이 있었다"며, "오늘날 안보의 개념이 보다 더 확장적이고 종합적이어야 한다"고 밝힌 것에서도 잘 드러난다. 즉, 안보에서 외교의 역할 확대뿐만 아니라 경제와 민생까지 감안할 수 있어야 "진짜 안보"가 구현될 수 있다는 생각을 갖고 있는 것이다. 이에 덧붙여 남북한의 화해협력과 대화에도 이명박-박근혜 정부보다는 전향적인 입장을 밝히고 있다. 이는 한국의 현실에서 '국방-외교-남북관계'가 선순환을 형성할 때, 제대로 된 안보를 구현할 수 있다는 인식에서 비롯된 것이라고 할 수 있다.

또한 문 대통령은 취임사에서 안보 문제의 우선적인 해결 의지도 천명했다. "안보 위기도 서둘러 해결하겠다"며, "한반도의 평화를 위해 동분서주하겠다"는 의지를 밝히고 다졌다. 그러면서 사드 문제 해결, 북핵문제 해결 토대 마련, 자주 국방력 강화, 동북아 평화구조 정착과 한반도 긴장완화를 정책 과제로 명시했다. 이를 위해 한미, 한중, 한일 정상회담과 더불어 "여건이 조성되면 평양에도 가겠다"며, 통일외교국방 현안을 대통령의 핵심 아젠다로 삼겠다는 의지를 분명히 했다.

"적폐 청산"을 역설해온 문재인 대통령은 대선 후보 시절 이명박-박근혜 정부 9년간 안보 적폐가 쌓여 왔다며, "4가지를 뿌리 뽑겠다"고 다짐했다. "안보무능과 무책임, 방산비리, 국방의무와 병역의 불공정, 사악한 색깔론과 망국적인 종북몰이"가 바로 그것들이다. 충분히 공감할 수 있는 내용이고 또한 마땅히 극복해야 할 사안들이다. 또한 "평화를 지키는 안보에 머물지 않고, 평화를 만드는 안보로 거듭나겠다"라는 목표 역시 시대정신에 부합한다.

이러한 안보 정책 기조에 따라, 문재인 대선 캠프는 중앙선거관리위원회에 제출한 10대 공약 4번째 항에 '강하고 평화로운 대한민국'을 제목으로 안보 공약을 발표한 바 있다. '유능한 안보, 강한 대한민국', '비핵화와 더불어 평화로운 한반도 구현', '당당한 협력외교로 국익 증진 등 3가지 목표 아래 책임·협력·평화·민주라는 4대 원칙을 제시했다. 또한 "대통령이 되면 한반도에서 전쟁은 없을 것"이라며 반전(反戰) 의지도 분명히 했다.

이러한 기조와 목표, 그리고 원칙에 따라 구체적인 정책 공약도 여러 가지 제시했다. "6자 회담을 비롯한 다양한 양자·다자회담을 적극 활용해 한반도 비핵화·평화체제를 구축하겠다"며, "북한 핵 폐기에 따라 한반도 평화협정 체결"도 공약으로 내걸었다. 또한 "미국과 중국, 러시아, 일본 등 한반도 주변 4강도 협력을 강화할 것"을 약속하면서도 "미국과는 군사동맹과 FTA를 바탕으로 외교 기축으로서 전략적 유대를 지속하겠다"는 입장도 표명했다. "미국이 갖고 있는 한국군 전시 작전권은 임기 내 반환을 추진한다"는 계획이다.

문재인 정부의 정책 공약 가운데 가장 눈에 띠는 대목은 "압도적인 국방력으로 북한 도발을 무력하겠다"며, "북핵 대응 핵심전력을 조기 전력화하겠다"고 다짐한 부분이다. 후술하겠지만, 이는 다른 정책 기조 및 목표와 상당한 긴장 관계에 있다는 점에서 공론화와 재검토가 필요한 부분이다. 또한 문 대통령은 장병 복무기간을 기존 21개월에서 18개월로 단축하고 장병 급여도 순차적으로 인상하는 등 군 복무여건 개선도 공약했다.

이러한 공약과 문재인 정부 출범 이후 3주간의 행보를 종합해볼 때, 두 가지 근본적인 문제를 짚어볼 필요가 있다. 먼저 정책 공약 사이의 긴장 관계를 살펴볼 필요가 있다. 문재인 정부의 국방 정책은 "한미동맹 강화"와 대규모 전력 증강에 바탕을 둔 "자주적 국방력 건설"로 압축된다. 이러한 정책 방향은 북핵 고도화를 고려할 때, 불가피한 선택으로 간주될 수 있다.

하지만 이러한 정책 방향은 보다 상위의 정책 목표, 즉 "비핵화와 더불어 평화로운 한반도 구현"과 상당한 긴장 관계에 놓일 수밖에 없다. 북핵 문제는 기본적으로 안보 문제라는 점에서 북한을 '공동의 적'으로 상정하고 있는 한미동맹 강화와 "북한을 압도할 독자적 핵심전력 구축" 시도는 북핵 해결에 어려움을 가중시킬 수 있다. 또한 대규모 군비증강 계획은 "상호 군비통제를 단계적으로 실행하여 전쟁 가능성을 원천적으로 제거해야 한다"는 군비통제 공약과도 충돌한다.

전시 작전통제권 환수 문제도 딜레마를 함축하고 있다. 가장 바람직한 시나리오는 한반도 비핵평화 체제의 진전으로 전작권 환수에 필요한 자연스러운 안보 환경의 도래라고 할 수 있다. 하지만 이건 장담할 수 없는 문제이다. 오히려 한반도 비핵평화 프로세스가 지체 내지 후퇴할 가능성도 배제할 수는 없다. 이럴 경우 문재인 정부가 "임기 내 전작권 환수" 추진 시 극심한 남남갈등이 야기될 수 있다.

보다 근본적인 문제도 있다. 전작권 환수 시 전작권을 넘겨준 주한미군을 비롯한 미군 군사력을 한국이 어떻게 통제할 것인가의 문제가 발생할 수 있기 때문이다. 노무현 정부 시기 '주한미군의 전략적 유연성' 논란에서도 알 수 있듯이, 미국의 군사전략가들은 전작권을 한국에 넘겨주고 주한미군은 중국을 겨냥한 동북아 신속기동군으로 재편하길 희망하는 경향이 강하다. 주한미군 사령관들이 밝혀온 것처럼 "주한미군 사령부는 전쟁 사령부가 아니라", "주한미군의 훈련 및 준비 상태를 확고히 하는 역할을 하는 태평양 사령부의 보조 사령부"이다. 이에 따라 전작권 환수는 주한미군의 태평양 사령부의 예하 부대로서의 성격이

보다 강해지고 한반도를 넘어선 동북아 기동군으로서의 역할 확대로 이어지는 의도하지 않는 결과를 낳을 수 있다. 이는 곧 문재인정부가 정책 목표로 제시한 "동북아 평화구조 정착"에 난관을 조성할 수 있다.

요약하자면 문재인 정부의 안보 정책은 두 가지 핵심적인 딜레마를 내포하고 있다. 북핵 위협에 대처하기 위해서는 한미동맹 강화와 강력한 대북 억제력이 필요하지만, 이것이 북핵 문제 해결을 어렵게 하거나 한반도 및 동북아의 군비경쟁을 격화시킬 가능성도 유의하지 않으면 안 된다. 또한 전작권 환수라는 당위적인 목표가 주한미군의 동북아 신속기동군으로의 재편 가속화로 이어지지 않도록 해야 한다.

이러한 딜레마를 예방하기 위해서는 두 가지 조처가 필요하다. 하나는 통일–외교–국방을 아우르면서 이들 사이의 긴장과 모순을 최소화하고 선순환을 도모할 수 있는 '통합된 안보 전략'을 마련하는 것이다. 그것은 바로 '한반도 냉전 구조의 해체', 즉 '평화체제 구축'이다. 평화체제 프로세스를 통해 비핵화를 도모하고 자주국방의 증진과 축소지향적인 한미동맹 재조정을 추진하며 통일 친화적인 대내외 환경 조성에 나서야 한다.

또 하나는 이러한 안보 전략에 부합할 수 있도록 통일부, 외교부, 국방부의 역할과 라인을 정비해야 한다는 것이다. 각 부처의 자율성은 평화체제 구축이라는 최상위의 통합된 안보전략에 맞게 조율되어야 하며, 대통령이 이를 직접 챙기면서 국가안보실의 컨트롤 타워로서의 역할을 분명히 해야 한다.

3. 문재인 정부의 북핵과 사드 입장에 대한 비판적 검토

북핵이 고도화될수록 그 실효성 여부와 관계없이 사드 배치의 명분은 강하게 제기된다. 그런데 북핵을 이유로 사드가 배치·가동되면, 북핵 문제 해결 진전 가능성은 더욱 불투명해진다. 오히려 북한이 사드를 비롯한 미국 주도의 미사일방어체제(MD)에 맞서 핵과 미사일 능력을 강화시킬 가능성이 높다. 그래서 북핵과 사드는 모순(矛盾)적이면서도 적대적 의존관계에 있다.

북핵은 분명 대단히 풀기 어려운 고차 방정식이다. 그래서 우리가 피해야 할 것은 가급적 이 방정식에 차수를 추가하지 않는 것이다. 사드라는 또 하나의 고차 방정식이 바로 여기에 해당된다. 앞서 언급한 것처럼, 사드 배치는 북핵 문제의 악화를 초래할 공산이 크다. 이뿐만이 아니다. 사드가 기어코 배치되어 가동되면, 중국과 러시아는 '한반도 안정과 평화, 비핵화, 대화와 협상을 통한 해결'이라는 기존의 한반도 정책에 '전략적 균형 유지'라는 새롭고도 낯선 목표를 추가하게 될 것이다. 이렇게 되면 한미일 대 중러 사이의 전략적 갈등은 더욱 격화되고 만다. 이 와중에 세력균형과 전략적 균형을 중시하는 중국과 러시아의 북한에 대한 태도가 바뀔 수도 있다.

이러한 맥락에서 볼 때, 문재인 정부의 북핵과 사드에 대한 초기 대응은 아쉬운 대목이 많다. 안팎의 어려운 여건과 당선 직후 숨 돌릴 틈도 없이 정부를 구성해야 하는 어려움을 이해하더라도 "주도적 역할"을 위한 '중심 잡기'와 '프레임' 설정에 미흡한 부분이 드러나고 있기 때문이다.

먼저 북핵 문제에 대한 정부의 입장을 비판적으로 검토할 필요가 있다. 조속한 안보 위기 해소를 다짐해온 문재인 정부는 출범 직후 주변국들에 특사를 파견하고 외교안보 책임자를 일부 임명·지명하면서 정책과 진용을 가다듬고 있다. 특히 미국과 북핵 공조를 재설계하는 데에 상당한 노력을 기울이고 있다.

이와 관련해, 한미 양국은 5월 16일 청와대 외교안보 T/F 팀장 정의용 전 대사(현 국가안보실장)와 매튜 포틴저 백악관 국가안전보장회의 아시아 담당 선임보좌관이 회담을 갖고 네 가지 합의 사항을 내놓았다. △북한 핵의 완전한 폐기가 궁극적 목표, △제재와 대화를 포함한 모든 수단 동원, △북한과는 올바른 여건이 이루어지면 대화 가능, △과감하고 실용적인 한·미 간 공동 방안을 모색이 바로 그것들이다. 제재 모드를 유지하면서 조건부 대화 의사를 피력한 셈이다. 문재인 정부는 이후에도 이러한 기조를 유지하고 있다.

이에 앞서 대북정책 재검토에 착수한 트럼프 행정부는 4월 26일 렉스 틸러슨 국무장관, 제임스 매티스 국방장관, 댄 코츠 국가정보국(DNI) 국장이 상원 의원들에게 브리핑을 마치고 자신들 명의로 대북정책 합동성명을 발표했다. 성명에선 북핵 문제를 "국가안보에 대한 긴급한 위협이자 외교 정책의 최우선 순위"라고 못 박았다. 그러면서 경제제재 강화와 동맹·파트너들과의 외교적 조치를 추구해 "북한이 핵·탄도미사일, 그리고 핵확산 프로그램을 해체하도록 압력을 가하는 것을 목표로 하고 있다"고 밝혔다. 무력 사용에 대한 언급은 없었고 대신 "한반도의 안정과 평화로운 비핵화를 추구한다"며, "우리는 그 목표를 향해 협상의 문을 열어두겠다"고도 했다. "그러나 우리는 우리 자신과 동맹국들을 방어할 준비가 돼 있다"는 말도 빼놓지 않았다.

4월 26일 미국의 성명과 5월 16일 한미 간의 네 가지 합의 사항, 그리고 이후 한미 양국에서 나온 입장을 종합해보면, 양국의 북핵 대응은 군사적 억제와 대북 제재와 압박, 그리고 조건부 대화로 요약할 수 있다. 이후 '압박과 대화 병행론'도 한미 간에 논의되고 있지만,[1] 이러한 접근법으로 난마처럼 얽힌 한반도 문제의 돌파구를 마련할 수 있을지는 아직까진 회의적이다.

문재인 정부의 초기 입장과 대응이 아쉬운 까닭은 바로 이 지점에서 발견할 수 있다. 아직까진 정권교체와 시대적 요구에 걸맞은 북핵 대응 전략이 나왔다고 보기 어렵기 때문이다. 문재인 정부는 대북 제재가 약해서 북핵 문제가 악화된 것이 아니라 협상다운 협상이 없었다는 점을 부각시켜야 했다. 북한이 핵실험을 하거나 장거리 로켓을 발사할 때마다 국제사회는 추가적인 대북 제재를 부과하면서 "역사상 가장 강력한 제재"라고 말해왔다. 그런데 결과는 북한의 핵과 미사일 능력의 비약적인 증강이었다.

반면 6자회담은 2008년 12월에 결렬된 이후 한 차례도 열리지 않고 있다. 한반도 정전체제를 평화체제로 대체하기 위한 회담도 2005년 6자회담의 9.19 공동성명에서 합의해놓고 지금까지 한 번도 개최되지 않았다. 문재인정부는 이 점을 강조하면서 "어느 때보다 강력하고도 단호한 의지를 가지고 협상에 임할 것"이라는 점을 국내외에 천명했어야

---

1 이와 관련해 정의용 안보실장과 허버트 맥마스터 미국 국가안보회의(NSC) 보좌관이 6월 1일(미국시간) 워싱턴에서 회담을 갖고 "대북 제재와 압박 공조를 이어가면서 비핵화 대화의 통로를 어떻게 마련할지를 모색"하는 방안을 집중적으로 논의했고, "조속히 실마리를 찾자"는 점에 공감대를 형성했다는 점은 일부 진전된 평가를 가능케 한다. 『연합뉴스』 2017년 6월 2일.

했다. 그래서 지난 10년 가까이 북핵 대처를 지배해온 '대북 제재를 어떻게 강화할 것인가'라는 프레임을 '대북 협상을 어떻게 할 것인가'로 바꾸려고 노력했어야 했다.

더 본질적인 문제도 있다. 북핵 문제는 '북핵 문제'로만 바라봐서는 한 걸음도 진전하기 어려운 속성을 갖고 있다. 북한의 1차 핵실험을 기준점으로 본다면, 한미 양국이 북핵 대처에 고심을 거듭해온 기간은 10년이 조금 넘는다. 하지만 북한은 '미국 핵 위협에 어떻게 대처해야 하나'를 두고 70년 가까이 고심해 왔다. 이에 따라 북핵 문제는 한반도 핵 문제라는 관점에서 바라보고 '북한의 비핵화'나 '북핵 폐기'를 목표로 삼기보다는 북핵 문제 해결과 미국의 대북 핵위협 해소가 조화를 이루는 '한반도 비핵화'라는 관점을 유지·발전시킬 때 문제 해결의 진전을 도모할 수 있다. 문재인 정부 들어 아직까진 이러한 역사적이고, 균형적이며, 미래지향적인 관점이 제대로 부각되지 못하고 있다.

또한 한미 간에 한반도 평화협정이나 평화체제가 공개적으로 전혀 언급되지 않고 있는 점도 아쉬운 대목이다. 북핵은 정전체제라는 비정상적인 토양에서 자라난 독버섯과 같은 존재이다. 이에 따라 북핵의 뿌리를 캐내기 위해서는 토양 자체를 바꿔야 한다. 이것은 곧 정전체제를 평화체제로 전환하려는 노력을 의미한다. 한반도의 현실에선 '평화체제 없는 비핵화는 맹목이고, 비핵화 없는 평화체제는 공허하다.' 또한 한반도 비핵화는 물론이고 자주국방과 전시 작전권 환수, 통일 지향적인 남북관계 등 안보 목표뿐만 아니라 민주주의 발전, 복지 재원 확충, 남북한 경제공동체 건설 및 유라시아 대륙으로의 진출을 통한 새로운 성장 동력 확보 등 다른 국정 목표와 관련해서도 평화체제 구축은 최적의 환경과 조건을 만들어낼 수 있다. 문재인 정부가 안보 전략과 목표의 통합적이고도 최우선 과제를 평화체제로 삼아야 한다고 필자가 제언하는 까닭도 바로 여기에 있다.

사드 대처에도 아쉬운 대목이 많다. 문재인 대통령이 대선 후보 때부터 견지해온 사드에 관한 입장은 '전략적 모호성'으로 압축된다. 사드 배치에 찬반 입장을 정하기보다는 절차적 문제와 득실관계를 종합적으로 고려해 판단하겠다는 의미였다. 하지만 문재인 정부는 출범 이후 사드 문제를 절차적 문제로만 환원해서 보는 경향이 강하다. 적어도 현재까지는, 공개적으로는 그렇다.

이와 관련해 국방부의 사드 보고 누락 사건이 뜻하지 않게 부메랑으로 돌아오고 있다는 점을 지적하지 않을 수 없다. 결과론적인 비판이라는 점을 인정하면서도 이 점은 반드시 복기할 필요가 있다. 청와대는 5월 30일 국방부가 사드 발사대 4기가 이미 반입되어 있었다는 점을 보고하지 않았다며, 대통령이 이에 대한 조사를 지시했다고 발표했다. 이는 뉴스 속보로 국내외에 긴급 타전됐다. 그리고 5월 31일에는 이 사건을 "의도적인 보고 누락"으로 잠정 결론짓고 조사를 확대키로 했다.

보고 누락은 국방부 및 김관진 전 안보실장의 대통령에 대한 기망 행위로 해석할 수 있는 충격적인 사건이다. 그런데 이는 의도하지 않은 결과를 낳고 있다. 미국 국방부 대변인은 5월 30일 "사드 배치 과정 내내 한 모든 조치가 매우 투명했다"며 반박성 입장을 내놓았다. 더 주목할 일은 다음 날 벌어졌다. 문재인 대통령의 딕 더빈 미국 민주당 상원 원내총무 면담 자리가 바로 그것이다.

청와대 대변인의 브리핑에 따르면, 더빈 원내총무는 면담 도중에 "한국 도착 즉시 사드 뉴스를 많이 들었는데, 이 점에 대한 한국의 생각은 어떤 것인가 듣고 싶다"라고 설명을 요청했다. 그러자 문 대통령은

"사드는 북핵 위협에 대비하기 위해 한국과 미국이 공동으로 결정한 것이며, 저는 이것이 전임 정부의 결정이지만 정권이 교체되었다고 해서 결코 가볍게 여기지는 않는다"고 답했다. 뒤이어 환경영향평가와 국회 논의 등 절차적 정당성의 확보 필요성을 강조하면서도 "어제 사드와 관련한 나의 조치는 전적으로 국내적 조치이며, 기존의 결정을 바꾸려거나, 미국에 다른 메시지를 전하려는 것이 아니라는 것을 분명하게 말한다"고 밝혔다.[2]

이러한 문 대통령의 발언은 사드 배치를 추진하되 환경영향평가와 국회 논의 등 절차적 정당성을 확보할 필요가 있고 시간이 걸리더라도 미국이 양해할 필요가 있다는 것으로 요약할 수 있다. 그런데 이러한 입장은 사드 배치 추진을 전제로 나온 것이라고 해도 과언이 아니다.

추측컨대, 사드 배치를 사실상 기정사실화하는 이러한 입장 표명은 "국내적 조치"를 해명하는 과정에서 나온 게 아닐까 한다. 사드 보고 누락 뉴스를 접한 더빈은 이걸 사드 배치 철회나 재검토의 신호탄으로 간주했을 가능성이 높다. 그가 면담 직후 "우리는 어려운 예산 상황에 직면해 많은 프로그램을 삭감하고 있는데 한국이 사드를 원하지 않는다면 우리는 9억 2,300만 달러를 다른 곳에 쓸 수 있다고 문 대통령에게 말했다"고 『연합뉴스』 인터뷰에서 밝힌 것은 이러한 분석을 뒷받침해준다.[3] 그러자 문 대통령이 더빈 의원, 더 나아가 미국 의회와 정부를

---

2 청와대 브리핑, http://www1.president.go.kr/articles/117 (최종접속일, 2017.10.10.)

3 이와 관련해 청와대 관계자는 "더빈 의원이 전날 '미국 납세자들의 세금으로 미국 정부는 한국의 사드 배치를 위해 9.23억 달러를 지불할 예정인데 한국 내에서 사드 배치가 큰 논란이 된다는 점이 놀랍다. 이에 대한 문 대통령의 의견을 여쭤보고

안심시키기 위해 위와 같은 발언을 한 것이 아닌가 싶다.

6월 1일 방미길에 오른 정의용 청와대 국가안보실장이 출국에 앞서 "어제 제가 외교부 경로를 통해서 미국 측에 이번 보고 누락 경위를 조사하게 된 배경을 충분히 설명했다"며 "국내적 조치이고 한미동맹에 전혀 영향을 주지 않는다고 설명했다"고 밝힌 것도 이러한 분석을 뒷받침해준다. 이후 한민구 국방장관과 제임스 매티스 국방장관 회담에서도, 빈센트 브룩스 주한미군 사령관과 짐 실링 미사일방어국(MDA) 국장의 청와대 예방에서도 비슷한 상황이 연출되었다. 문재인 정부의 설명을 들은 미국 측의 반응은 "이해하고 신뢰한다"는 말로 압축된다. 여기서 "이해한다"는 것은 "적절한 환경영향평가"와 같은 절차가 필요하다는 한국 측의 입장을 이해한다는 것으로, 그리고 "신뢰한다"는 것은 사드 배치 자체는 이행될 것이라고 믿는다는 것으로 해석할 수 있다.

이러한 상황 전개는 공개적인 진상조사 발표가 사드 문제에 대한 문재인정부의 선택지를 좁히는 의도하지 않은 결과로 이어질 가능성이 높다는 것을 의미한다. 문 대통령이 "기존의 결정을 바꾸려거나, 미국에 다른 메시지를 전하려는 것이 아니라는 것"을 밝힌 상황에서 추후에 미국에 사드 배치 철회는 물론이고 재검토하자고 제안하는 것조차 어려워질 수 있기 때문이다. 그래서 청와대가 이번 사건을 다룬 방식은 '결과에 대한 사려'가 부족한 것이었다. 만약 비공개로 조사했다면, 그래서 언론 보도도 나오지 않고 더빈 의원과의 면담에서도 부각되지 않았다면, 상기한 상황은 초래되지 않을 수 있었기 때문이다. 자주성과

자 한다'고 말했다"며, 그러나 "어제 대화에서 예산을 다른 데 쓰겠다고 한 발언은 못 들었다"고 밝혔다. 『연합뉴스』 2017년 6월 1일.

국익을 증진하기 위해서라도 한미관계의 섬세한 관리가 얼마나 중요한지 새삼 실감할 수 있는 대목이기도 하다.

물론 문재인 정부로서는 우선 시간을 벌 필요가 있다고 여길 수 있다. 소규모 환경영향평가를 '전략', 혹은 '일반' 환경영향평가로 대체하면 1년 안팎의 시간이 소요되고 이 사이에 모종의 해법을 모색할 수도 있기 때문이다. 하지만 이러한 '시간 벌기'가 사드 배치를 전제로 한다면 그 의미는 퇴색될 수밖에 없다. 절차적 문제는 사드 문제의 '빙산의 일각'에 불과하다. 절차적 문제가 상당 부분 해소되어도 사드가 품고 있는 본질적인 문제는 거의 그대로 남을 공산이 크기 때문이다. 여기에는 사드의 북핵 방어의 효율성과 북핵 문제 전반에 미치는 영향, 한국의 미국 주도의 미사일방어체제(MD)로의 편입 및 한미일 삼각동맹으로의 연결 가능성, 중국과 러시아의 전략적 우려 자극 및 한중·한러관계에 미치는 영향, 중국의 사드 보복 장기화 가능성, 한반도 및 동북아의 군비경쟁과 신냉전 격화 우려 등이 포함된다. 대한민국 국익에 중차대한 영향을 미치는 이러한 문제들은 사드 배치의 절차적 문제가 해소된다고 해서 자연스럽게 해결되는 것이 결코 아니다.

문재인 정부의 소극적인 태도는 정부 스스로 "한미동맹을 강화해야 한다"는 프레임에 너무 강하게 갇혀 있고, 이에 따라 사드 배치 결정을 전면적으로 재검토하면 동맹이 문제가 생길 것이라는 우려를 갖고 있기 때문이 아닌가 한다. 또한 6월 하순 한미정상회담을 앞두고 갈등의 소지를 최소화하겠다는 의사도 반영된 것으로 보인다.

하지만 동맹은 그 자체가 목적이 아니라 국익의 수단이다. 또한 비정상적으로 결정되고 추진된 사드 문제를 재협의하지 못할 정도로 한미동맹이 허약하지도 일방적이지도 않을 것이다. 더구나 문재인 대통령과 더불어민주당은 대선 기간 동안 사드 배치 결정에 비판적인 입장을 밝히면서 중단을 촉구한 바 있다. 이러한 대선 공약에 따라 문재인 정부가 사드 배치를 전면적으로 재검토하자고 미국에 제안해도, 이는 결코 크게 놀랄 일이 아니다.

문재인 정부는 결코 사드 배치를 기정사실로 받아들여서는 안 된다. 절차적 문제를 따져보고 바로잡는 것과 함께 사드 배치 자체도 재검토해야 한다. 사드 배치가 불가피하다면, 최소한 '한-미-중 대화를 통해 상호 만족할 수 있는 해법을 찾아보자'며 미국 정부를 설득해야 한다. 북핵 해결에 있어서 중국의 역할도 사드 배치를 유보할 때 극대화될 수 있다는 점은 트럼프 행정부를 설득할 수 있는 중요한 포인트이기도 하다.

상기한 문제 이외에도 사드 문제와 관련해 문재인 정부가 꼭 유념해야 할 대목이 있다. 바로 전쟁 가능성에 미칠 영향이다. 이는 두 가지 차원에서 제기된다. 하나는 미중 간의 무력 충돌 발생 시 사드 및 X-밴드 레이더가 한국을 미중 간의 무력 충돌 한복판으로 끌어들이는 '인화물질'이 될 수 있다는 것이다.

또 하나는 미국의 대북 예방적 공격론에 미칠 영향이다. 미국의 주장처럼 사드가 주한미군 방어에 효과가 있고, 더 나아가 주일미군, 괌, 하와이, 미국 본토로 연결되는 통합 MD의 일환이라면, 이것이 미국의 대북 예방적 공격론에 어떤 영향을 미치게 될까? 미국이 북한의 보복공격을 상당 부분 무력화시킬 수 있다는 판단을 갖게 되면, 한반도의 전쟁 가능성도 높아질 수 있다. 물론 '반전(反戰)'을 최고의 안보 목표로 삼고 있는 문재인 정부로서는 생각조차 할 수 없는 시나리오일 것이다.

하지만 문 대통령의 말처럼 "정권은 유한하고 조국은 영원하다." 문재인 정부 임기 내에 이런 일이 벌어지지 않더라도 그다음 정권이 미국의 대북 공격론에 어떤 입장을 보일지는 아무도 장담할 수 없는 문제이다. 하여 문재인 정부의 사드에 대한 '현재적' 판단은 사드 배치가 초래할 '중장기적인' 문제에 기초해야 한다.

4. 최대의 칭찬과 관여

주지하디시피, 지난 9년 동안 이명박-박근혜 정부가 대북 제재와 압박, 그리고 흡수통일이라는 망상에 사로잡힌 사이에 한국은 한반도 문제의 당사자가 아니라 주변부로 밀려나 있었다. 북핵은 빠르게 고도화되었고 어느덧 미국 본토까지 다다를 수 있는 대륙간탄도미사일(ICBM) 보유 문턱에 다가서고 있다. 이 사이에 한국은 미국 강경파들의 꽃놀이패로 전락했고, 한중 관계는 역사상 최악의 상황에 직면했다. 사드 대란을 자초해 '고래 싸움에 새우 등 터지는 신세'에서 허덕여 왔다. 다행히 촛불의 힘으로 박근혜 정부가 조기에 종식되면서 정권교체는 이뤄졌고 새로운 미래도 기약할 수 있게 되었다.

하지만 희망찬 미래는 거저 주어지는 것이 아니다. 우리 스스로 한반도 문제를 풀겠다는 단호한 의지와 실력을 갖출 때, 막장으로 치닫고 있는 한반도 드라마의 반전을 모색할 수 있다. 물론 한반도 평화와 진짜 안보로 가는 길은 멀고도 험난하다. 사안 자체의 어려움도 크지만, 국내외 반발도 만만치 않을 것이다. 하지만 문재인 정부는 정부를 탄생시킨 촛불 혁명의 힘과 압도적인 국민들의 지지를 믿고 이 길로 나아가야 한다. 소통과 협치를 통해 초당적 협력과 국민적인 합의, 그리고 긴밀한 한미공조를 추구하면서도 과감하고 창의적인 접근도 시도해야 한다.

당면 과제는 6월말로 예정된 한미정상회담의 성공적인 개최이다. 그런데 성공적인 개최는 결코 '미국의 범위'에 우리의 입장을 맞추면서 갈등과 이견을 최소화하는 것으로는 담보될 수 없다. 문 대통령은 이견을 솔직히 말하고 때로는 얼굴을 붉히더라도 트럼프 대통령을 설득하겠다는 강력한 의지를 가지고 정상회담에 임해야 한다.

이를 전제로 해서 문재인 정부에게 권고하고자 하는 한미정상회담 전략은 '최대의 칭찬과 관여'이다. 이는 트럼프가 지금까지 북핵 문제와 관련해 나온 언행을 칭찬하면서 '최대의 관여'를 견인하고 그 결과로 나올 수 있는 업적을 칭송하는 접근을 의미한다. 트럼프가 북핵 문제를 최우선 순위로 삼으면서 전임 정권이 실패한 한반도 문제 해결에 강한 의욕을 갖고 있다는 점에서 이러한 접근의 성공 가능성은 존재한다. 트럼프의 기질도 이러한 접근이 유용할 수 있다는 것을 보여준다. 문재인 정부는 '칭찬은 트럼프도 춤추게 할 수 있다'는 생각을 가지고 아래와 같은 성과 도출을 목표로 삼을 필요가 있다.

첫째는 북한과의 대화이다. 트럼프 행정부가 밝혀온 북한과의 대화의 조건은 북한의 핵실험과 탄도미사일 발사 중지, 그리고 비핵화 의지 표명이라고 할 수 있다. 하지만 북한이 대화의 조건으로 이를 수용할 가능성은 거의 없다. 오히려 미국이 대화의 전제조건에 집착할수록 당면 과제인 북핵 실험과 탄도미사일 발사 중지는 더욱 난망해질 가능성이 높다. 문 대통령은 우선 이러한 상황을 설명할 필요가 있다.

그러면서 현재까지 북한의 6차 핵실험과 ICBM 시험 발사가 이뤄지지 않고 있는 데에 트럼프의 의견을 물으면서 그의 지도력을 칭찬할 필요가 있다. 이러한 대화를 바탕으로 한미 정상이 북한의 잇따른 탄도미사일 발사를 규탄하면서도 "북한이 추가 핵실험과 ICBM 시험 발사를 하지 않고 있는 점에 주목한다. 이에 두 정상은 북한의 진의를 파악하기 위해 탐색적 대화에 나서기로 했다"는 합의 도출을 시도했으면 한다.

둘째, 북미 정상회담이다. 트럼프의 대북정책과 관련해 가장 주목되는 부분 가운데 하나는 대선 후보 시절부터 김정은 노동당 위원장과의 정상회담 의사를 지속적으로 피력해왔다는 점이다. 그는 특히 5월 1일 『블룸버그』 통신과의 인터뷰에서 "김정은과 만나는 게 적절하다면 나는 절대적으로, 영광스럽게 그렇게 할 것"이라고 밝히기도 했다. "대부분의 정치인이라면 결코 이렇게 말하지 않겠지만 나는 적절한 환경에선 그를 만나겠다고 말하는 것"라고도 덧붙였다.[4] 트럼프가 기존 외교 문법에서 벗어나 있고 대북 발언도 오락가락한다는 점을 고려하더라도, 이 발언은 분명 주목할 가치가 있다. 역대 미국 대통령들 가운데 북미 정상회담 의지를 가장 강력하게 피력한 것이기 때문이다.

문 대통령은 이러한 트럼프 대통령의 발언을 환기시키면서 적극적인 지지 입장을 밝힐 필요가 있다. 북미 정상회담이 이뤄지면 사상 최초가 된다는 역사적 의미와 함께, 김정은의 전략적 셈법을 바꿔놓을 수 있는 거의 유일한 사람이 바로 미국 대통령이라고 강조해야 한다. 이를 통해 '협상가'를 자처하는 트럼프의 협상 욕구를 자극할 필요가 있다. 그리고 "적절한 환경"을 조성하기 위해 한국도 적극적으로 협력할 의사가 있다는 점도 강조해야 할 것이다. 이는 앞서 말한 '최대의 칭찬과 관여'의 백미에 해당된다. 트럼프의 북미 정상회담 의지를 칭찬함으로써

4 *Bloomberg*, May 1, 2017.

최대의 관여라고 할 수 있는 북미 정상회담(혹은 남북미를 포함한 다자 정상회담)의 실현 가능성을 높이고 이게 성사될 경우에 한반도 문제 해결에 일대 전기를 마련할 수 있기 때문이다.

셋째, 과도기적 목표의 공유이다. 분명 한반도 비핵화는 어렵고 힘들더라도 궁극적으로 달성해야 할 목표이다. 하지만 한반도 비핵화, 혹은 북한의 비핵화를 강하게 요구할수록 그 목표에서 멀어지고 있다는 역설적인 현실도 주목할 필요가 있다. 이에 따라 대북 협상의 중간 목표로 북핵 동결도 진지하게 검토할 필요가 있다. 한반도 비핵화를 궁극적인 목표로 유지하면서도 이를 위한 중간 단계로 북핵 동결을 거쳐야 할 필요성이 날로 커지고 있기 때문이다. 지금 이 순간에도 북핵은 양적으로나 질적으로 고도화되고 있다. 이런 추세가 계속되면 현재 20개 정도로 추산되는 북핵이 2020년경에는 50개 안팎으로 늘어날 수 있다. 핵탄두를 장착한 대륙간탄도미사일(ICBM) 개발도 시간문제이다. 이는 북핵 동결 협상이 빠르면 빠를수록 좋다는 것을 의미한다. 한반도 비핵화라는 최선에 집착하다가 북핵 질주라는 최악의 결과에 직면하기보다는 북핵 동결이라는 차선을 달성함으로써 한반도 비핵화라는 최선을 도모할 수 있는 지혜가 요구되는 것이다.

냉정하게 볼 때, 미국은 차선으로 북핵 동결을 검토할 수도 있다. 북한의 핵탄두 장착 ICBM 보유는 미국 외교의 최대 실패이자 낯선 위협이 될 것이기 때문이다. 특히 트럼프 행정부로서는 자신의 임기 내에 이 수준까지 가길 원하지 않을 것이다. 문재인정부는 이 점에 주목해 한미 양국이 북핵 동결을 과도기적 목표로 삼자고 제안할 필요가 있다. 그리고 이에 대한 상응조치로 한반도 평화협정 체결도 협의해야 한다. 즉, 북한의 핵동결 '조치'와 남북미중 4자 평화협정 '체결'을 동시에 하자는 제안을 집중적으로 논의할 필요가 있다.

여기서 핵동결은 이른바 '3 No'를 의미하는 것으로, '양적 증강'을 차단하기 위한 영변 핵시설 가동 중단 및 불능화(No more), '질적 향상'을 차단할 목적으로 추가 핵실험 및 위성 발사를 포함한 탄도 로켓 발사 중단(No better), 그리고 핵무기 및 기술과 물질 해외 이전 중단 약속 유지(No export)이다. 평화협정 체결 시점은 국제원자력기구(IAEA) 등 동결 감시단이 영변으로 복귀해 동결 상태 확인을 마친 직후로 상정해볼 수 있을 것이다.

이에 대해 "평화협정 논의가 비핵화의 초점을 흐릴 수 있다"거나 "북핵 폐기가 완료되지 않은 상태에서 평화협정을 체결하면 북핵을 인정하는 셈이 된다"는 반론이 나올 수 있다.[5] 그래서 한반도 평화협정에 비핵화 조항을 포함시켜야 한다. 평화협정에 명시되어야 할 비핵화 조항은 크게 두 가지이다. 하나는 북한의 핵 폐기 대상, 방식, 시한을 명시하는 것이다. 북한의 조속한 핵확산금지조약(NPT) 복귀 의사 재천명도 포함되어야 할 것이다. 또 하나는 한반도의 온전한 비핵화를 실현한다는 의미에서 남한의 비핵화 공약 준수, 미국의 대북 소극적 안전보장 제공, 군사훈련에 핵무기 및 그 투발수단 반입 금지, 북핵 폐기 완료 시 미국의 핵우산 철수 등도 포함되어야 할 것이다.

아울러 북핵 동결은 시급한 과제인 반면에 평화협정 협상은 오랜 시간이 걸린다는 문제도 제기될 수 있다. 이에 따라 대안은 한반도 평화협정을 '기본 협정(basic treaty)+추가의정서(additional protocol)' 방식

5 실제로 이명박·박근혜 정부는 이러한 논리를 내세우며 평화협정 논의에 반대한 바 있다.

으로 검토할 필요가 있다. 이러한 방식은 남북기본합의서를 비롯해 국제사회에서 통용되어온 여러 조약 체결 방식과 흡사한 것이다. '기본협정'에는 상호 주권 존중, 한국전쟁의 공식적인 종식, 상호 불가침, 한반도 비핵화, 군사적 신뢰구축 조치 등 원칙적이고 조속히 합의 가능한 항목들을 담을 수 있을 것이다. '부속 합의서'에는 북방한계선(NLL), 유엔사와 주한미군, 군축 문제, 평화체제 관리기구 구성과 운용과 같은 까다롭고 긴 협상을 요하는 항목들을 담을 수 있을 것이다.

문재인 정부는 이러한 해법을 모색하면서 비핵화를 전제로 하는 북핵 동결과 한반도 평화협정 체결이 트럼프에게 큰 업적이 될 수 있다는 점을 강조할 필요가 있다. 한반도가 냉전의 고도(孤島)로 일컬어져온 만큼, 냉전보다도 못한 한반도 정전체제를 평화체제로 전환하는 것이야말로 진정한 의미의 냉전 종식이기 때문이다.

이처럼 문재인 정부는 한미정상회담에서 북핵을 포함한 한반도 문제를 '압도적인' 의제로 삼아서 두 지도자가 의기투합하는 것을 최고의 목표로 삼아야 한다. 최우선 순위의 의제를 두고 긍정적인 케미가 형성되면, 사드, 방위비 분담금, 한미 FTA 등을 둘러싼 이견도 최소화할 수 있을 것이다.

제Ⅳ부

특별토론

문재인 정부의 통일정책, 6.15에 길을 묻는다

사회자: **정세현** | 전 통일부 장관
토론자: **김용현** | 동국대학교 교수
이종석 | 전 통일부 장관
이인영 | 더불어민주당 국회의원

정세현: 여러분, 반갑습니다. 오늘 종합토론의 주제가 매우 어렵습니다. 오늘 주제는 '문재인 정부의 통일정책, 길을 묻다'가 아닌 '6.15에 길을 묻는다'입니다. 두 번째 세션에서도 많은 분들께서 말씀을 해주셨지만, 현재의 상황은 6.15 남북공동선언 당시와는 많이 다릅니다. 그래서 저는 개인적으로 6.15 남북공동선언에 길을 묻는다면 해법이 잘 나오지 않을 것 같다는 생각을 했습니다. 물론 이러한 생각은 6.15 남북공동선언을 무시하자는 것은 절대 아닙니다. 6.15 남북공동선언과 10.4 남북공동선언을 계승하면서도 조금 더 창의적인 상상력을 발휘해야만 현재의 난국을 풀 수 있는 해법이 나오지 않을까 싶습니다. 특히, 어제(6월 14일) 북한 조국평화통일위원회가 내놓은 성명, 이제 자신들의 핵보유국 지위를 인정하고 그 전제 아래서 남북간의 군사 관계를 논의하자고 한 것을 볼 때, 매우 복잡한 상황에 놓이게 되었습니다. 그렇기 때문에 문재인 정부가 남북관계를 풀어나가는 데 있어 정말 어려운 일이 많을 것 같고, 쉽게 생각할 일은 아니

라고 생각합니다. 개성공단 조업 재개, 금강산 관광 재개도 간단하게 시작할 수 있는 일이 아닌 것 같습니다. 물론 저는 그 책임이 지난 9년간의 대북정책에 있다고 생각합니다. 그래서 오늘 토론자 여러분들께서 과거가 아닌, 문제를 풀어나갈 수 있는 창의적인 얘기를 해주셨으면 합니다. 오늘 토론에는 동국대학교 북한학과 교수이자 국정기획자문위원회 외교 안보분과위원이신 김용현 교수님과 세종연구소에 계신 이종석 전 통일부 장관님, 그리고 국회 외교통일위원회 소속이신 이인영 더불어민주당 의원님을 모셨습니다. 오늘 토론 진행은 5분 가량 간단히 말씀을 해주시고, 그 내용을 제가 종합해서 질문을 다시 드리는 방식으로 하겠습니다.

김용현: 반갑습니다. 원래 오늘은 신임 통일부 장관님께서 오셔서 문재인 정부의 대북정책을 소개하고 토론하는 자리로 기획되었습니다. 하지만 현재 내정자 신분이시고 외부 활동을 하실 수 없어서 제가 대신 자리하게 되었습니다. 저는 정부 측 인사라고 하기보다는, 선거 공약을 바탕으로 문재인 정부의 대북정책을 만드는 작업에 참여하고 있기 때문에 여러분들에게 간략하게 정책을 소개하기 위해서 나왔습니다. 다만, 제가 오늘 말씀드리는 것은 국정기획자문위원회의 확정된 안은 아니고, 선거 공약을 중심으로 구체화되고 있는 것들입니다.

저는 오늘 제목을 '계승과 발전'이라고 잡아봤습니다. 그 이유는 사회자님께서 말씀하셨듯이 '6.15에 길을 묻는다'는 것은 현재 상태에서 새로운 길을 모색해야 하기 때문입니다. 저의 고민은 2017년의 6.15 남북공동선언과 10.4 남북공동선언을 어떻게 만들어가야 하는가입니다. 이 고민은 현재 진행형이고 조금 더 깊이 해봐야 하는 것이라 지금 당장 결론을 말씀드릴 수 없다는 점, 양해해주셨으면 좋겠습니다. 그리고 여기에 문재인표 대북정책이 더해져야 할 것입니다. 아시다시피 지난 10여 년 동안, 이명박, 박근혜 정부를 지나면서 대북정책의 암흑기가 있었습니다. 이러한 현실 속에서 새로운 6.15, 10.4 남북공동선언을 2022년까지 실현시켜야 한다는 공통의 고민을 해결하기 위해 여러 의견을 모으고 있다는 점은 말씀드릴 수 있을 것 같습니다.

2017년 지금의 환경은 과거와 달라졌습니다. 북한 핵의 고도화가 우리의 예상보다 훨씬 빠르게 진행되었고, 미사일 역시 대륙간탄도미사일(ICBM)에 준하는 개발이 이뤄지면서 이것들이 남북관계의 진전을 가로막는 상황이라는 점을 고백하지 않을 수 없습니다. 또 다른 변화는 주변국의 대북정책입니다. 미국 트럼프 정부도, 중국 시진핑 지도부와 예전 정부와는 다른 차원으로 변화한 모습을 보여주고 있습니다. 마지막으로 국내 여론 역시 변화했습니다. 애써 외면하고 싶은 부분이 있지만 지난 10년 동안 이전 정부가 한쪽 방향으로 몰아간 점도 있고 여론 역시 상당한 부분 보수화되었다는 현실을 고민할 수밖에 없습니다. 이러한 변화된 환경 속에서 문재인 정부의 대북정책은 큰 줄기에서는 긴장이 해소되고 남과 북이 함께 가는 평화로운 한반도, 이것이 중요한 캐치프레이즈가 될 가능성이 높습니다. 다시 말하자면 저는 평화로운 한반도에 대한 온 국민의 열망이 있다고 생각합니다. 이러한 열망 속에서 후보 시절부터 문재인 대통령님이 강조하시고 고민하신 것은 한반도의 군사적 긴장이 해소되면서 평화가 한반도에 깃드는, 그리고 그 평화가 유지되고 제도화되어야 한다는 점입니다. 이러한 고민이 앞으로 평화로운 한반도라는 어떤 흐름으로 가지 않을까라고 말하고 싶습니다. 그리고 공약에도 나와 있지만 이는 강하고 튼튼한 국방, 책임국방이라는 안보에 있어서는 한 치의 흐트러짐도 없어야 한다는 점을 전제하는 것입니다. 이를 기반으로 남과 북이 함께 번영하는, 핵 없는 한반도를 만드는 것이 중요한 목표입니다. 또한 외교 문제에 있어서도 후보자 시절, 당당한 외교라고 표현한, 우리가 국제협력을 주도하는, 한국이 적극적인 역할을 하는 외교, 국민과 함께하는 외교가 목표입니다. 이는 사드 문제 등 여러 가지 문제에 있어서 국민이 소외되고, 국민과 소통이 잘 이루어지지 않았던 점을 극복하면서 외교를 펼친다는 것이고, 국방 문제도 마찬가지일 것입니다. 현재는 이런 문제들을 적극적으로 고민하고 있다고 봐야 할 것 같습니다.

다음으로 각론에 관해 다섯 가지를 말씀드리겠습니다. 첫 번째는, 북한 핵 문제, 비핵화의 획기적 진전을 이루겠다는 것입니다. 공약에 나와 있듯이, 단계적이고 포괄적 접근을 통해 과감하고 근본적인 비핵화를 이뤄냈다는 것이 중요한 의지입니다. 이 과정에서 비핵화와 더불어 한반도의 평화체제를 구축한다는 것입니다. 평화체제 구축이란 북한 핵 문제가 완전히 해결되는 단계에서는 한반도 평화협정 체결도 가능한 것이 아닌가라는 점을 고민하고 있습니다.

두 번째는 한반도 신(新)경제지도와 관련되는 것입니다. 저는 개인적으로 이를 H라고 표현하고 있습니다. 동해권에는 에너지 자원을 벨트로 러시아까지를 포함하는 북방으로 이어지는 하나의 축이, 서해권은 산업, 물류, 교통을 중심으로 중국의 중요 도시, 특히 베이징과도 연결되는 고속 철도, 고속도로망까지 고려하는 축을 뜻합니다. 또한 한반도의 허리에 해당하는 비무장지대를 중심으로 환경, 평화벨트를 만드는 것입니다. 이렇게 동해, 서해, 비무장지대를 축으로 삼아 H자가 될 수 있는 정책을 만들기 위해 고민하고 있습니다.

세 번째는 이산가족 상봉문제입니다. 현재 6만여 명의 이산가족 상봉 신청자가 생존해계시지만 문재인 정부의 마지막 해인 2022년에는 이분들 중 몇 분이나 생존해계실지 걱정을 하고 있습니다. 이러한 고민 속에서 대통령께서는 후보시절에 6만 명 전원의 이산가족 상봉을 어떻게든 실현시키겠다, 이 문제는 다른 어떤 것보다 앞서서 하신다는 입장을 표명하셨었습니다.

네 번째는 개성공단 재가동, 금강산 관광 재개와 관련된 것입니다. 이것과 관련해서는 이 문제를 적극적으로 추진할 것이라고 말씀 드리겠습니다. 마지막으로는 남북기본협정과 관련된 부분입니다. 현재로서는 추상적인 차원이지만, 7.4 남북공동선언, 6.15 남북공동선언, 10.4 남북공동선언 등을 변화된 환경에 맞게 남과 북이 이를 제도적인 차원으로 만들어 환경에 흔들리지 않게 합의하자는 것입니다. 이 과정에서 국회의 비준동의도 받고 국제적인 지지도 이끌어낼 뿐 아니라 북한 역시 최고인민회의에서 정리함으로써 흔들리지 않는 상호신뢰 속에서 남북기본협정을 체결하자는 것이 중요 공약에 들어있는 사안들입니다. 감사합니다.

정세현: 다음은 이종석 전 통일부 장관님께서 말씀해 주시겠습니다.

이종석: 감사합니다. 김용현 교수님께서 국정기획자문위원회에서 그림을 그리는 일을 하시고 있기 때문에, 상대적으로 저는 영양가 없는 이야기를 하게 될 것 같아 걱정됩니다. 저는 사회자님께서 처음 질문하신 의도로 돌아가서 이야기를 시작해볼까 합니다. 문재인 정부가

출범하고 현 정부가 김대중, 노무현 정부의 대북정책을 계승할 것이라는 전망들을 하시다보니 이미 세상이 많이 바뀌었으니 6.15 남북공동선언, 10.4 남북공동선언을 그대로 계승하면 안 된다는 말씀들을 많이 하시는 것 같습니다. 그러나 저는 그런 말을 할 필요가 없다고 합니다. 어떤 사람이 17년 전에 합의된 내용을 그대로 지키려고 하거나 그대로 실행하려고 하겠습니까? 그렇기 때문에 저는 이러한 불필요한 이야기를 하는 것은 대북포용정책을 펼치려고 하는 현 정부의 정책적 의지를 처음부터 꺾으려는 사람들의 바람이 작용된 것이라고 생각합니다. 17년 전 합의된 정책을 현재의 상황에 맞게 보완하고 불필요한 것은 없애는 것이 너무 당연한 것인데, '6.15 남북공동선언은 옛날이야기이다', '기본정신만 받으면 되는 것이다'라는 식의 이야기는 필요 없는 것입니다. 저는 6.15 남북공동선언이든, 10.4 남북공동선언이든 기본적인 합의가 지금에 와서도 의미가 있으면 우리가 그것을 이어받으면 되는 문제라고 생각합니다. 그렇기 때문에 현재 우리가 6.15 남북공동선언을 말하고 10.4 남북공동선언을 이야기하는 이유라고 생각합니다. 굳이 이것들에 관해서 '옛날 것이다'라고 말하는 이유를 잘 모르겠습니다. 문재인정부의 인사들이 바보나 아이들인 것도 아니고, 17년 전의 합의 내용을 그대로 실행하겠습니까? 그래서 저는 이러한 이야기에는 의도된, 심하게 말하자면 속내가 있다고 봅니다. 그렇기 때문에 저는 이런 것에 우리가 집중할 필요가 없다고 생각합니다. 그렇다면 지금 우리가 6.15 남북공동선언에서 배워야 할 교훈, 시사점이 무엇이 있을까요? 여러 가지가 있겠지만 저는 세 가지 정도가 있다고 생각합니다.

첫째, 저는 17년 전에도 이런 이야기를 했었습니다. "6.15 남북공동선언은 당시까지 이어져 온 한반도 내에서의 남북한 간의 적대적 대결상태를 화해협력의 관계로 바꾸고자 하는, 이른바 물꼬를 확 트는 역사적인 사건이다." 물론 합의 하나로 모든 것이 다 해결되고 화해협력이 이루어지는 것은 아니지만, 역사의 방향으로, 그 쪽으로 이끈 것은 사실이 아닐까요? 물론 어려움은 있었지만 화해협력의 방향으로 가겠다고 했습니다. 이것은 '더 이상 남북 간의 소모적인 적대적 대결상태에서는 우리 국민이 살지 못한다', '국민들이 불안하고, 삶이 불안정하고, 민족의 삶이 불안정한 상태는 이제 종식하자', 이러한 것들이 6.15 남북공동선언이 우리에게 주는 시사점일 것입니다. 또한 이렇게 불안정한 한반도의 상황에 대해서 6.15 남북공동선언이 왜 의미가 있는가를 돌이켜볼 때 저는 이점을 생각해봐야 한다고 봅니다.

두 번째는, 한반도는 우리가 살고 있는 곳이기 때문에 기본적으로 한반도의 문제에 대해서는 미국, 중국이든 다른 누구건 간에 관계없이 우리가 능동적인 역할을 하고, 주도적인 역할을 하겠다는 것이 바로 6.15 남북공동선언, 나아가 10.4 남북공동선언의 기본정신이라는 점입니다. 그리고 이 점이 현재 문재인 정부가 트럼프 대통령과 2주 후의 정상회담을 앞두고 곱씹어봐야 할 이야기가 아닌가라는 점에서 두 번째라고 생각합니다.

마지막 세 번째는, 남북관계의 개선 없이는 우리가 살 수 없다는 것에 대해 합의한 것이라고 생각합니다. 제가 정부에서 일할 때 이런 경험을 했었습니다. 남북 대화가 이루어지지 않고, 남북 관계가 개선이 되지 않은 상태에서 우리가 어떤 아이디어를 가지고 가도, 우리 이야기를 귓등으로도 안 듣습니다. 남북 대화가 이루어져서 '그래도

이 사람들은 북한하고 이야기가 되고, 북한을 설득할 수도 있겠지'라는 점 때문에 우리 이야기를 듣습니다. 그렇기 때문에 남북 관계 개선은 우리의 삶에 관해서뿐만 아니라 북한 핵문제나 한반도 문제를 해결하는 데 굉장히 중요한 요소입니다. 하지만 현재 우리는 이것을 잊어버리지 않았습니까? 북한 핵문제가 악화되면 이를 곧장 남북관계와 연동시키는 잘못된 방식, 이것에 대한 반성으로서 오늘 우리가 남북관계 개선이 얼마나 중요한 것인지를 6.15 남북공동선언을 통해서 이해해야 하기 때문에 이 세 가지가 중요하다고 생각합니다.

이인영: 사회자님께서 제가 양복을 입고오지 않은 것에 대해서 잠깐 농담을 하셨는데요. 사실 저는 양복을 입고 통일이 잘되지 않을 것 같아서 이렇게 입고 왔습니다. 젊은 사람들의 의식 속에서는 '양복을 입고 통일하자'보다는 '청바지를 입고 통일하자'는 것이 더 맞지 않을까라는 생각이 들기도 하고 현재 정세 자체가 양복을 차려입고 점잖게 마주 앉아 순조롭게 잘 풀릴 것 같지도 않고 해서, 조금은 풀어헤치고 이야기를 해야 할 것 같아서 이렇게 입고 왔습니다. 오늘 저를 초대해주신 이유가 국회 외교통일위원회에서 일하고 있기 때문이라고 생각됩니다. 이미 앞서 열린 두 세션에서 충분히 점검을 하셨을 것이라고 생각해서 저는 조금 다르게 생각을 해보려고 합니다.

먼저, 6.15 남북공동선언 당시와 지금의 북한 핵 상태가 다른 것은 아주 분명한 것 같습니다. 핵과 미사일 능력이 아주 초보적인 수준이었던 것이, 현재는 굉장히 고도화된 상태에 있기 때문에 어떻게 문제에 접근하고, 이를 풀어낼 방식이 굉장히 다를 수밖에 없다고 생각합니다. 저는 아마도 북한이 굉장히 빠른 시간 내에 핵과 미사일을 완성해서 이를 바탕으로 협상에 나오지 않을까라고 전망합니다. 그래서 일정 수준 이상으로 완성된 핵과 미사일의 동결을 조건으로 무엇인가를 요구하는 형태가 되지 않을까 싶습니다. 우선 이것이 6.15 남북공동선언 당시와 다를 것입니다. 다음으로 북한 지도자의 상태가 조금 다른 것 같습니다. 저는 김일성 주석이나 김정일 위원장 때보다 김정은 시대 아래서 리더십으로서의 통일의지와 같은 것들이 더 강하다고 생각하지 않습니다. 오히려 저는 더 약해졌거나 나중의 문제로 놓았을 가능성이 굉장히 높다고 판단합니다. 또 다른 것은 국제적 환경이 굉장히 다릅니다. 주로 핵미사일에 관해서 제제와 압박에 대한 국제 공조가 이루어지면서 생겨난 문제일 것입니다. 미국과 중국의 관계도 이십여 년 전과 지금은 매우 다르고, 미·중 간의 알력, 특히 최근 사드 문제에서 보이듯이 이것이 상당히 중요한 변수가 되었습니다. 따라서 남북 간의 자주적인 대화 혹은 이러한 관계 속에서 문제가 풀리기보다는 국제적인 변수들이 상당히 중요하게 작용될 가능성도 있다고 봅니다. 또한, 제가 잠깐 청바지로 표현하기도 한 젊은 사람들의 의식이 달라진 것 같습니다. 여론 조사상에만 그렇게 나왔는지는 모르겠지만 젊은 사람들의 통일 의식이 예전에 비해서는 작아졌을 뿐만 아니라 아주 왜곡된, 퍼주기 논란 등으로 인해 6.15 남북공동선언 당시보다는 현재 문재인 정부가 남북관계에 대한 전향적인 통일 정책을 펼치는 데 있어 저항 혹은 왜곡된 저항이 있을 가능성이 있다고 생각합니다. 그렇기 때문에 저는 접근방식이 예전과는 다를 수밖에 없다고 봅니다. 저는 핵 문제는 핵 문제대로, 교류나 경제협력 문제는 그것대로 해결하는 완전히 분리된 접근법을 해보는 것은 어떨까 싶습니다. 물론 이 문제들은 안으로는 서로 연결되어 상호 간에 영향을 주겠지만요. 저는 앞선 정부들이 핵미사일 문제, 교류와 경제협력 문제 등을 완전히 묶은 것과도 차이가 있겠지만 현실적으로도 이런 접근법을 취할 수밖에 없지 않나 생각합니다. 만약 핵미사일 문제가 해결되어야만 교류협력, 경제협력 문제로 넘어갈 수 있다면 상당 기간이 소요될 것입니다. 그렇기 때문에 핵문제는 그것대로, 경제는 경제대로, 교류는 교류대로 풀어가면서 되는 것보다 먼저 해보는 것이 낫지 않을까 합니다. 물론 이러한 방식이 천박하게 들리지 않았으면 좋겠습니다. 현재 남북관계를 풀어가는 데 있어 이론적, 논리적 정합성을 통해 어떤 순서를 만드는 것이 그렇게 쉬워 보이지 않습니다. 물론 교류협력, 경제문제가 쉽기 때문에 북한이 이에 바로 응할 것이라고 생각하지 않습니다. 얼마 전 정부가 민간단체의 방북을 허용했음에도 불구하고 북한에서 이를 받아들이지 않는 것을 보면 어느 것 하나도 쉽지는 않을 것입니다. 하지만 핵은 핵대로, 교류나 경제 문제는 그것대로 가면서 되는 것부터 먼저 해결하는 것이 나머지 부분들에 긍정적인 변화나 영향을 줄 것이라는 기대를 하고 있기 때문에 이러한 접근을 해보는 것은 어떨까라고 생각합니다.

둘째, 제가 80년대에 학생운동을 하던, 민주화 운동 시절에 통일운동을 생각했던 것과는 지금 완전히 생각이 달라졌습니다. 현재 저는 정치군사적 접근법보다는 경제적인 접근법을 굉장히 키워야 한다고 생각합니다. 물론 정치군사적 문제가 핵심적이고 더 빠르게 남북관계를 바꾸는 데 있어 분명히 영향력을 가지고 있지만, 경제적 접근에 대해서 이를 기능주의라든지, 경제주의적 오류라는 측면에서 생각하지 않았으면 합니다. 완만하고 단계적이지만 더 넓게 통일의 기반을 형성한다는 점에서 경제주의적 접근을 적극적으로 고려하는 방식을 가져보는 것은 어떨까 싶습니다. 6.15 남북공동선언 당시 낮은 단계의 연방제, 이런 부분들에 관해서 공통점을 찾아본 적이 있었습니다. 저는 그것보다는 경제적인 접근법을 통해 통일로드, 로드맵 이런 문제의식들을 더 전진시켜야 한다고 생각합니다. 가령, 1단계에서는 투자와 교류협력 등을 확장하고, 2단계에서는 산업과 자원의 연합 등을 추구하고, 3단계에서는 시장과 화폐 등의 통합 가능성을 살펴보고, 그 이후에 마지막으로 재정과 정치의 통일로 가는 로드맵 등을 생각해볼 수 있을 것입니다. 저는 이런 정도로 정치군사적 통일에서 경제적 통일로 좀 확대해서 생각해봐야 하지 않을까라는 생각도 듭니다. 이것이 김용현 교수님이 말씀하셨던 문재인 정부의 접근법과 크게 다르지 않을 것 같고, 현실적으로 시장을 통일하는 문제에 관해서 이전 세션에서 김연철 교수님이 말씀하셨던 사실상의 통일, 이런 단계로 우리가 시장의 통일을 인정하고, 그 의미를 부여할 수 있지 않을까 생각합니다.

마지막으로 제가 한 번 더 생각해봤던 것은, 이정철 교수님이 말씀하신 협약식 남북관계, 대북정책이 갖는 의미, 통일정책의 추진 과정에 있어서의 사회적 합의가 도출될 수 있었으면 좋겠습니다. 그러면서도 다른 한편으로는 통일정책에 있어서 법률주의 등을 도입한다면 장기적인 대북정책의 제도적, 법률적 안정성이 확보되고 정권이 바뀌면서 중단되거나 다시 시작되는 이러한 것을 방지할 수 있는 안정성을 확보하는 문제들까지도 조금 더 발전시켜보면 어떨까 싶습니다.

정세현: 세 분 말씀을 들으면서 질문을 준비했습니다. 대체로 앞으로 무엇을 해야 될 것인가에 대해서는 많이들 이야기해주셨는데, 그것을 어떻게 할 것인가에 관해서는 상대적으로 말씀을 적게 하신 것 같습니다. 지난 9년 동안 묶여있던 남북관계, 정체되어 있던 남북관계를 원상으로 복구하기 위해서는 무엇부터 해야 될 것인가? 이것에 관해서는 말씀이 조금 없으셔서 제가 질문을 드리겠습니다. 며칠 전에 민간단체들이 방북을 신청했을 때 정부에서 접촉승인을 했습니다. 저는 이것이 방북승인을 전제로 한 것이라고 봅니다. 하지만 북한에서는 갑자기 오지 마라 이렇게 거부했습니다. 1998년 김대중 정부가 새로운 패러다임의 대북정책을 추진하기 시작했을 때의 접근방식은 선민후관이었습니다. 이전의 김영삼 정부 시절 경색되었던 남북관계를 풀어나가는 데 있어서 정부가 먼저 나서는 것이 적절치 않았기 때문에 민간이 먼저 나서 북한의 대남 경계심을 먼저 풀고 특히, 햇볕정책에 대한 오해를 풀고 이후 북한의 대남전략, 전술에 변화가 있을 때 정부가 다가간다는 것이 선민후관의 접근법이었습니다. 저는 이번에도 이런 식으로 접근하는 것으로 의미부여를 했습니다. 정부가 직접 나서서 회담을 제안하거나 또는 6.15 남북공동선언, 10.4 남북공동선언을 존중하겠다는 의사표현을 하지 않았기 때문에 선민후관의 방식으로 물꼬를 틀 수 있지 않을까 생각했는데, 북한이 거절을 했습니다. 그러면서 우리 정부가 확실한 입장을 보여주기를 바라는데 우리가 그 신호를 잘못 해석해서 어떤 면에서는 우리가 망신을 당한 것은 아닌가라는 생각이 들기도 했습니다.

그래서 제 질문은 바로 이겁니다. 지금 남북관계를 복원하기 위해서 무엇부터 해야 하겠습니까? 김용현 교수님, 오늘 저녁에 6.15 남북공동선언 17주년 기념만찬이 예정되어 있습니다. 많은 정치 지도자들이 참석할 예정이고, 아직까지는 문재인 대통령님의 참석 여부가 확실치 않고 어떤 메시지가 나올지는 모르겠습니다. 하지만 오늘은 메시지가 나와야 한다고 생각합니다. 단순히 건배사만 하는 것이 아니라 뭔가를 말씀하셔야 할 것이고, 북한은 그 메시지를 주시할 것이라 생각합니다.

다음으로 이종석 전 장관님, 과거 정부에서 일을 하신 경험이 있기 때문에 현 정부에 권고하는 차원에서 남북관계 복원을 위해 무엇부터 했으면 좋겠다고 구체적으로 말씀해 주십시오. 또, 이인영 의원님도 국회의원으로서 문재인 정부에 권고하는 차원에서 구체적으로 말씀해주시면 좋겠습니다. 예를 들어 툭하면 특사 이야기가 나오기는 하지만 며칠 전 프레스센터에서 나온 특사 파견 주장 등을 포함해서 한번쯤 운을 띄워야 하는 것이 아니냐는 주장도 있습니다. 미·중·러·일에 특사 파견을 했는데 북한에 대해서는 특사의 특자로 안 나오는 것이 북한으로서는 섭섭하지 않겠는가라는 생각이 듭니다. 문재인 정부, 무엇부터 어떻게 했으면 좋겠습니까?

김용현: 만약에 지금 문재인 정부의 옷 입히기가 다 끝난 후라면 3박 4일도 모자랄 정도로 대화를 나누고 싶지만 지금 당장 구체적인 말씀을 드리는 것은 쉽지 않을 것 같습니다. 미리 양해를 구하겠습니다. 저는 두 가지를 생각합니다. 첫째, 남북관계 복원과 관련된 부분에 관해서는 대통령께서 매우 중요하게 생각하고 계신다고 느끼고 있습니다. 그 부분은 명확하고 그 분수령은 이번 한미정상회담이 되지 않을까라고 개인적으로 생각합니다. 물론 한미정상회담이 너무 빨리,

그리고 급하게 잡혀 있고 준비하는 여러 과정도 매우 어려운 상황이지만 이번 28일부터 3박 5일 동안의 방미 과정에서 트럼프 대통령과 핵문제, 북한 문제 전반에 대해 아주 깊이 있는 이야기를 하실 수 있을지는 모르겠지만, 어느 정도의 이야기들이 나오느냐 하는 것이 중요한 분수령이 될 것이라고 봅니다. 그리고 우리가 인도적인 부분을 북측에 제안했는데 오지 말라는 거절 의사를 밝히지 않았습니까? 저는 충분히 예상했을 것이라고 생각합니다. 다만 중요한 것은 이산가족 상봉 문제나 인도적 차원에서의 북한 영유아 지원 문제 등에 관해서 정세 변화에 무관하게 우리가 적극적으로 문을 두드려야 한다는 개인적 생각을 갖습니다. 이번에 북측이 거절한 데에는 나름대로의 이유가 분명히 있을 것이라고 생각하지만 인도적인 부분에 관해서는 우리가 적극적인 의지를 갖고 실천할 필요가 있습니다. 특히, 6만 여 명의 이산가복 상봉이 5년 안에 이루어지려면 산술적으로 일 년에 만 이천 명 이상의 이산가족 상봉이 이루어져야 합니다. 굉장히 어려운 이야기입니다. 저는 금강산 관광 재개 역시 이산가족 상봉 재개와 깊이 연관될 가능성이 있다고 봅니다. 현재 이산가족 상설 면회소가 금강산에 아주 잘 지어져 있죠. 여러 가지 복안들이 앞으로 나올 것이라고 생각하지만 이 문제를 우선적으로 해야 할 필요가 있을 것 같습니다. 이러한 과정에서 문제를 풀어나가야 하지 않겠느냐는 생각을 하고 있습니다.

또, 아까도 말씀드렸지만 비핵화라는 부분과 공동번영이라는 두 개의 중요한 트랙이 작동할 것 같습니다. 비핵화와 관련된 한국의 적극적 역할에 대해서 이야기했지만 단계적이고 포괄적인 차원에서 접근이 이루어질 부분이고, 남북의 공동번영은 끊임없이 남북관계의 개선을 추구해야 할 것 같습니다. 이인영 의원님께서도 남북관계를 적극적으로 풀어나가야 하는 부분이 있지 않겠느냐고 말씀하셨지만 쉽지는 않을 것 같습니다. 핵문제와 남북관계, 이 부분에서 관해 한 가지 드릴 수 있는 말은, 전략적 접근을 하겠다는 말 밖에는 드릴 것이 없어 너무 죄송합니다. 어쨌든 남북관계의 복원과 비핵화라는 두 가지 문제를 최대한 적극적으로 풀어나간다고 말씀드리겠습니다.

정세현: "어떻게"에 관한 질문을 드렸는데 계속 "무엇"만 말씀하시니, 구체적으로 질문을 하겠습니다. 저는 지금 김용현 교수님께서 하신 말씀은 한미정상회담에서 어떤 이야기가 된 이후에 북한에 메시지를 보내도 보내야 하는 것 아니냐는 의미로 이해했습니다.

이종석 전 장관님, 한미정상회담이 며칠 남지 않았기 때문에 시간은 없지만, 남북 간의 교감, 물밑접촉 등을 통해서 '우리가 북한을 잘 관리할 테니 사드 문제나 북핵문제에 있어서 우리에게 운전석을 내달라'는 이야기를 해야 되는 것 아닌가 싶습니다. 그리고 운전석을 우리에게 맡기라고 말하기 위해서는 남북 간의 이야기가 된 이후에야 가능하지, 아무것도 없이 미국에 가서 '내가 운전을 할 테니 당신은 조수석에 타시오'라는 이야기를 할 수 있을까요? 시간이 정말 없는데 이런 말을 할 수 있는 것인지, 노무현정부 시절 자주파의 대표로 거명됐던 분께서 자주파의 입장에서 답변해주십시오. 남북관계가 지렛대가 되어야 한미관계는 물론 한중관계에서도 우리의 입지가 높아질 텐데요. 구체적으로 말씀 부탁드립니다.

이종석: 정부에서 4년 동안 일하는 동안 '자주'라는 말을 안 써도 이렇

게 얘기가 나와서 그 단어를 쓰지 않으려고 자주국방도 협력적 자주국방으로 쓰고, 물론 지금은 다 쓰고 있지만 균형외교라는 말을 하면 친중반미라고 해서 균형적 실용외교라고 표현했지만, 이렇게 해도 자주파라고 합니다. 사실 당시에 자주파라는 말도 없었습니다. 저희들이 대통령의 시각에서 북핵문제 해결이나 이라크 파병 과정에서 입장을 만드니 그걸 반대하던 언론들이 자주파라는 말을 만들어냈던 것이지, 참여정부 당시 사회자님도 장관으로 계셨지만 2003년에는 논쟁이 많았습니다. 하지만 2004년부터는 다 정리가 됐습니다. 그렇게 이야기하면 모두 자주파겠죠.

질문으로 돌아오면 시간이 많지 않습니다. 그리고 질문에 답을 하려면 북한 문제를 말해야 할 것입니다. 일단 저는 우리 정부가 북한과 대화를 하겠다는 마음을 먹는다면 얼마든지 가능하다고 생각하는 편입니다. 저는 그 이유를 북한이 더 이상 옛날의 북한이 아니라는 점에서 찾습니다. 과거에는 우리가 북한을 상대할 때 북한이 대화에 나오는 것 자체에 대한 몸값을 올려서 어려운 문제가 많았습니다. 최근 우리 민간단체의 방북에 대해 북한이 까다롭게 굴어서 이것에 관해서 옛날 생각들을 많이 하십니다. 2013년 3월에 김정은이 북한의 핵 경제 병진노선을 제창하면서 우리는 그 사실에 깜짝 놀라 '저건 큰일이다, 핵이다'라고 생각했는데 같은 날, 같은 조선노동당 중앙위원회 전체회의에서 김정은이 경제 개방을 공식화했습니다. 그래서 지금 북한은 경제개발이 거의 전면화되어 있습니다. 아시는 것처럼 21개의 경제개발구가 다시 만들어지다 보니 외부로부터 자본을 받아야 합니다. 하다못해 NLL 사태가 발생했던 그 황해남도 강녕군이 지금 경제개발구입니다. 제가 볼 때 이건 말도 안 되는 겁니다. 남북 간의 대치상태에서 그 코앞에서 경제개발이 이루어지고, 외부자본이 들어오겠습니까? 그래도 북한은 경제개발구를 만들어놨습니다. 현 상태에서는 아직까지는 진전이 잘 안되겠죠. 다른 한편으로 북한 입장에서는 국제사회의 제재가 너무 심하기 때문에 이걸 완화하기 위해서는 남북대화가 필요합니다. 그렇기 때문에 제가 볼 때는 우리 정부가 원한다면 남북대화를 할 수 있습니다. 지금 중요한 것은 한국 정부가 남북대화를 어떻게 할 것인지, 남북대화를 위해서는 어떤 입장을 가지고 있어야하는지, 언제, 어떻게, 어떤 단계를 거쳐 시작할 것인지에 관해 명료한 입장을 정하지 못한 것이 아닌가 싶습니다. 다시 말해 현재 우리가 북한에게 질문을 던지거나 어떻게 하면 북한과 대화를 할 것인가라는 질문은 성립되지 않는다는 것입니다. 우리 정부가 북한하고 대화할 자세, 대화를 위해 무엇이 필요하고 어떤 조건이 있어야 하는지에 대한 입장 정리가 아직 되지 않은 것 같습니다. 이는 세 가지 차원에서 볼 수 있습니다.

첫째, 대화는 보상인가, 아닌가? 현재 대화는 보상이 됐습니다. 북한과의 대화는 미국이 보상으로 만들었습니다. 이것은 이전에 북한이 우리와 대화할 때, 남북대화를 보상처럼 여겨서, 우리가 '너희들 참 한심하다'고 그랬는데 역사가 거꾸로 되면서 지금은 미국이 북한과의 대화를 보상으로 여기면서 우리가 남북대화를 하는 것을 불편하게 생각하고 있습니다. 하지만 대화는 보상이 될 수 없습니다. 그렇다면 우리 정부의 입장은 대화는 보상이 될 수 없기 때문에 남북대화건 어떤 대화든 무조건 한다는 입장인지, 아니면 여전히 대화는 해야 하지만 북한의 핵실험 등으로 인해 더 생각해봐야 한다는 입장인지가 정리가 되어야 합니다. 또 하나는 남북관계와 북핵문제입니다.

과연 북핵 문제가 일정하게 진전되어야만 남북관계를 진전시키거나 대화의 문턱으로 접어들 수 있는 것인지, 아니면 이인영 의원님이 말씀하신 것처럼 남북관계, 대화, 북핵문제를 내부적으로는 일정하게 연동되지만, 독립적으로 취급할 것인지에 관해 나름대로 정리를 해야 합니다. 마지막은 미국과의 조율입니다. 현재 미국은 북한에 대한 최대의 압박 단계라고 합니다. 그러다보니 남북 간에 왔다 갔다 하는 것을 불편해 합니다. 이 부분에 관해 미국이 잘 믿지는 않지만, 지금 당장은 '당신들은 불편하겠지만 남북대화를 하는 것이 사실은 훨씬 더 북핵문제에 유리하다'고 이야기해야 합니다. 미국의 북한에 대한 불신이 매우 심하지만 우리가, 우방이 이야기하기 때문에 미국이 좀 갸우뚱하더라도 우리 정부가 남북대화를 통해 무엇을 할 수 있을만한 나름의 결단력을 갖겠다고 결심할 것인지를 정해야 합니다. 이 세 가지 점들을 다 정리해서 밖으로는 표현하지 않더라도 내부적으로는 관점을 정립해야 그다음에 남북대화에 관한 이야기 나오게 됩니다. 지금은 북한이 우리 민간 대표들의 방북을 막으면서 까칠하게 나왔지만 기본적으로 우리 정부의 입장이 정리되고 남북관계를 개선하고 대화를 하겠다고 한다면 대통령께서 어느 계기에, 어떤 메시지를 던진다, 어떤 제스처를 취한다는 것 등은 모두 기술적인 문제들입니다. 그렇기 때문에 지금 더 중요한 것은 문재인 정부가 정확한 남북대화나 남북관계 개선에 대한 입장을 정리하는 것이라고 생각합니다.

정세현: 제가 드린 질문에 답은 안 주셨네요. (웃음) 이인영 의원님은 남북관계 복원을 위해서 정부가, 6월 15일인 오늘, 문재인 대통령이 무슨 이야기를 하실 것이라고 생각하십니까?

이인영: 저는 당분간은 어떤 논리로 설득하는 것이 쉽지 않을 것이라고 생각합니다. 어떤 좋은 논리로 이야기를 하고 어떠한 정당성을 제공하고 이익을 제공하더라도 당분간은 쉽지 않을 것입니다. 그러기 때문에 저는 문재인 정부가 들어섰으니 한 번에 갑자기 무엇인가가 바뀔 것이라는 조급한 기대를 내려놨으면 좋겠다고 생각하는 편입니다. 하지만 대화를 시작해야 합니다. 저는 조건 없는 대화를 제안할 필요가 있다고 생각합니다. 그리고 그중에서 이산가족 상봉은, 8월 15일을 기해서 조건 없이 추진하자고 제안하면 좋을 것 같습니다. 물론 이것이 절대 쉬운 일은 아니지만, 쉬운 것에서 어려운 것으로 나아가는 접근법을 사용했으면 좋겠습니다. 얼마 전 조명균 통일부 장관 후보자가 지명되었을 때 비판 중 하나가 그분이 교류협력 전문가라는 것이었습니다. 핵미사일 등이 남북관계의 시급한 문제라는 것이죠. 또, 그분이 9년 동안 공백상태였으니 어떤 추진력이 있겠느냐는 비판도 있었는데 저는 사실 9년 동안 공백 없이, 이명박 정부나 박근혜 정부에서 잘 있었던 분을 장관에 지명하는 것이야말로 이상하다고 생각하는데 말입니다. 제가 그것보다 주목했던 것은 그분의 주 전공이 핵미사일 협상보다는 교류협력이었던 걸 보면서 저는 그분이 적임자라고 생각했습니다. 정치인이 장관이 되었거나 핵미사일 협상 전문가가 장관이 되었다면 당장 안 풀릴 문제에 매달려서 무리하다 더 복잡하게 만들 수도 있는데, 교류협력의 실무 경험이 풍부하고 착실하게 업무를 수행해온 분이 장관이 되어서 초기 과정에서 남북관계를 안정적으로 풀어나갈 수 있을 것이라 생각했습니다. 요컨대 너무 무리하게 핵미사일 문제를 한 번에 해결하려 하지 말고 이산가족이나 경제 문제 등에 산적해 있는 많은 문제들을 하나씩 찾아가

면서 접근하는 것이 어떨까 생각했습니다.

그리고 때로는 대화를 위한 대화도 해야 합니다. 누군가는 커피 한 잔 마시기 위한 대화는 하지 않겠다는 말도 있었지만 대화를 할 수 있다면 대화를 위한 대화라도 먼저 시작하고 그 과정에서 누구나 부정할 수 없는, 미국도 북한도 부정할 수 없는 문제, 즉 이산가족 상봉 문제부터, 모두가 동의할 수밖에 없는 것에서 출발하자는 생각입니다. 그리고 민간차원의 교류, 경제적인 교류협력, 여기서부터 정치군사적 문제로 나아갈 수 있는 것들을 생각해 보는 것이 초기 단계에서는 맞는 것 같습니다. 정답은 아니지만 핵미사일 문제를 한 번에 해결하기 위해 무엇을 어떻게 할 것이냐에 집중하면 저는 더 복잡해질 수 있다고 생각합니다.

이종석: 이인영 의원님이 조명균 통일부 장관 후보자에 관해 하신 이야기에 저도 동의하면서 몇 가지를 수정하고자 합니다. 조명균 당시 비서관은 통일부에서 교류협력을 담당한 베테랑이기도 하지만 청와대 통일외교안보정책실에서 정책조정비서관을 역임했었습니다. 정책조정비서관이라는 자리는 통일부, 국방부, 외교부, 국정원의 정책을 대통령의 시각에서 조정하고 통합하는 자리입니다. 그런 경험을 오랫동안 한 사람이기 때문에 훌륭할 사람일 뿐 아니라 교류 협력에 국한되지 않고 기본적인 전략적 마인드를 갖고 있다고 할 수 있습니다. 또한, 그 유무를 떠나서 전략적 사고를 하는 훈련을 충분히 받은 분이라는 점을 말씀드립니다.

정세현: 조명균 통일부 장관 후보자와는 인연이 깊습니다. 제가 김영삼 정부 시절 통일비서관을 했을 때 행정관으로 2~3년간 같이 근무했

었죠. 개성공단 개발, 철도도로 연결, 금강산 관광 개시를, 한 시기에 모든 실무를 담당했던 사람입니다. 이 말은 그분이 대북협상가라는 것입니다. 북핵문제는 어차피 통일부의 관할이 아닌, 외교부 주도로 국제적 대화방식으로 푸는 것인데 왜 통일부 장관 후보자에게 북핵문제에 관한 식견이 없다고 시비를 거는지 모르겠습니다. 뿐만 아니라 청와대에서 오랫동안 북핵문제뿐 아니라 여러 가지 안보문제를 총괄하는 일을 했기 때문에 그 정도 식견이면 충분히 다른 부처와의 협조를 능히 할 수 있을 것이라고 생각합니다.

김용현: 저는 개인적으로 이제 한미정상회담이 개최되고 이후 독일에서 있을 G20회의를 거치면, 8.15 광복절 경축사에 남북관계에 관련된 내용을 대통령께서 담아야 하지 않겠냐고 생각하고 있습니다. 이후 추석까지의 과정에서 남북관계에 닫힌 창을 여는 흐름을 만들어가야 한다고 생각합니다. 또한, 대통령께서 근본적으로 내년 상반기까지 남북관계와 관련된 부분들에 있어서 상황들을 해결하는 노력을 하고 그 결과가 나오는 것이 대단히 중요할 것이라 생각합니다. 잘 아시다시피 임기 초반 가장 힘이 있고, 그때 남북관계에 있어서 새로운 판을 만드는 것이 중요하지 않을까라고 개인적으로 생각하기 때문입니다. 또 다른 하나는 한미동맹, 한중협력, 그리고 한·미·중 협력 이 부분이 북핵문제나 북핵문제를 푸는데 매주 중요하게 작동해야 된다고 봅니다. 이 과정에서 최소공배수를 찾는 작업, 한미, 한중, 한·미·중 협력 구도 속에서 최소공배수를 찾아서 북한에 대한 압박과 설득이 작동해야 하지 않을까라는 생각입니다. 이인영 의원님께서 좋은 말씀 해주셨고, 저도 구동존이(求同存異)라는 표현을 좋아합

니다만, 쉬운 것부터, 풀어나갈 수 있는 것부터 해나가고, 어려운 것들은 미국과도, 중국과도 마찬가지로 함께 머리를 맞댄다면, 나아가서 북한도 마찬가지로 생각합니다. 이런 자세로 나아간다면 상황은 좀 더 개선되지 않을까라고 생각합니다. 다만 지금 이 자리에 계신 분들이 기대하는 수준을 꼭 맞추기에는 어렵겠지만 애정 어린 시선으로 문재인정부를 많이 지원해주시고 격려해주시고 비판해주시면 감사하겠습니다.

정세현: 이제 한 라운드가 끝났습니다. 그럼 약속한 대로 남은 시간을 청중석의 질문에 답하는 데 할애하도록 하겠습니다.

질문자 1: 첫 번째 질문은 문재인 대통령의 공약 중 남북기본협정이 1972년의 동서독 기본조약에 바탕을 두고 있는 것이냐는 것입니다. 즉, 남북기본합의서에서 남북관계를 나라와 나라 사이의 관계가 아닌 민족 내부의 특수 관계로 규정하고 있는데, 이를 보편주의에 따라서 나라와 나라 간의 관계로 바꾸려는 것에서 나온 것이 아니냐는 것입니다. 저는 남북기본합의서의 국회 비준 정도면 충분하다고 생각하는데, 왜 다시 남북기본협정이 필요한 것인지 궁금합니다. 두 번째는, 김대중 대통령은 남북정상회담 전, 김정일 위원장에 대한 긍정적인 평가를 하셨고, 노무현 대통령도 10.4 남북정상회담을 하는 과정에서 북한이 핵을 보유하게 된 과정의 합리성을 일정 부분 인정하시기도 했습니다. 다시 말해, 표현과 방식은 어떻게 되었든 김정은 정권과의 대화를 개시하기 위해서는 김정은 체제의 실존적 인정이 필요하지 않느냐는 점을 묻고 싶습니다.

질문자 2: 적어도 트럼프 정부가 가지고 있는 3대 핵심 정책 가운데 하나는 미국이 고립주의 차원에서 국제사회에서의 미국의 부담을 완화해야겠다는 측면이 있고, 국제사회에서 미국의 군사적 부담을 줄이는 방향으로 나아가겠다는 의도가 있는 것 같습니다. 이런 차원에서 적어도 이번 한미정상회담에서 전시작전권의 환수라는 표현보다는 미국의 이러한 과중한 부담을 더는 차원에서도 전시작전권 문제를 다시 한 번 거론했으면 좋겠습니다. 북한이 핵 문제나 여러 가지에 있어서 마음대로 하는 것은 전시작전권을 미국이 가지고 있기 때문에 한국이 군사적 부분에서 힘이 없다는 인식 속에서 이뤄지고 있다고 생각합니다. 자주국방뿐 아니라 전시작전권의 논의나 진전 없이는 한반도의 진전은 사실상 불가능하다고 봅니다. 또 남북 간의 교류와 협력 부분에 있어서 제가 제안하는 것은 군사적인 힘의 차원이 아닌 이익의 조화라는 측면에서 남북 간의 교류나 협력 문제를 이슈화하고 경제적인 능력, 자원 부분들에 관해서 같이 논의하고 협력하는 장으로 만드는, 비정치적 문제를 먼저 말함으로써 남북 간의 대화나 교류협력을 시작할 수 있지 않을까라는 점입니다.

이종석: 남북기본협정에 관해 제가 드릴 답은 내용이 어떤 것이라기보다 이미 남북기본합의서에 다 나와 있다는 것을 다시 한 번 강조하려는 것입니다. 남북관계가 상당한 수준으로 회복되고 좋아지면 남북기본협정 이야기가 나올 수 있을 것입니다. 그 동안 제가 남북관계 문제를 다루다 보니 제가 느낀 점은 우리가 한 합의의 숫자가 적거나 합의의 내용이 부족해서 현재 남북관계가 어려운 것이 아닙니다. 기본적으로 그 합의를 지키려고 하는 서로 간의 최소한의 신뢰조차도

없는 바탕이 문제이고 이를 통칭해서 냉전체제, 냉전구조가 아직 한반도에 있다고 하는 것 아니겠습니까? 중요한 것은 신뢰의 기반을 갖추는 것이기 때문에 자꾸 새로운 합의를 만드는 것은 의미가 없습니다. 있는 것을 지키고, 있는 것을 복원해서 그 내용들에 생명력을 불어넣어 잘 지키게 하는 것이 중요하고 이러한 점에서 6.15 남북공동선언, 10.4 남북공동선언 그리고 그 이전에 가장 큰 장전으로 있는 남북기본합의서와 72년의 7.4 남북공동성명만으로도 내용은 충분히 넘칩니다. 충분하고 넘치는 내용들을 제대로 실천하지 못하는 우리들의 상호 불신과 실천 부족이 문제이기 때문에 또 다른 것을 만든다는 것은 별로 바람직하지 않습니다. 물론 공약에 나와 있고 그런 자세가 필요하다는 생각은 합니다.

그리고 전시작권권 문제에 관해서도 말씀하신 대로 전작권은 환수해야 합니다. 문재인 대통령께서 아주 명확하게 공약을 하셨지요. 저는 문재인 대통령이 이를 지킬 것이라고 봅니다. 다만 저 자신이 정부에 있을 때 전시작권권 환수 문제를 다룬 실무책임자였기 때문에 이 문제는 준비가 필요하다고 생각합니다. 원래대로라면 2012년 4월 17일에 환수가 되었어야 했는데 이명박, 박근혜 정부가 미루지 않았습니까? 그렇기 때문에 국방부가 다시 한 번 정확한 계획을 만들어서 그 계획을 가지고 트럼프 대통령에게 이야기할 필요가 있습니다. 이 문제는 양국의 국방부장관끼리 하면 됩니다. 하지만 지금 당장은 아닙니다. 국방부에 계획을 만들라고 지시하고 입안된 계획을 가지고 이야기를 해야 하는 것이지, 대통령 취임한 지 얼마 안 되어서 2주 남은 한미정상회담에서 무엇을 준비할지 걱정인 상황에서 이것에 더해 전작권 이야기까지 하기는 어렵다고 생각합니다. 준비를 정확히 해서 상대가 A라고 하면 어떻게 답을 할 것이고, B라고 하면 어떻게 할지 모든 것을 준비해서 가야지 그냥 의지만 가지고 가서는 절대로 협상과 회담은 성공하기 어렵습니다. 전시작전권 회수 문제는 다음번에 기회를 잡아서 하는 것이 좋다고 생각합니다.

김용현: 남북기본협정과 관련해서 조금 보충 설명을 하겠습니다. 남북기본협정을 굳이 체결할 필요가 없다는 말씀에 저도 동의합니다. 다만 남북기본협정을 공약에 넣은 것은 정권이 바뀌어도 남북관계에서 기본적인 것들에 관한 국민적 합의가 있어야 하고, 그것이 북한에서도 존중받고, 북한의 의사 역시 우리가 존중하기 위한 과정을 해나가자는 것입니다. 상호불신 속에서 7.4 남북공동성명, 6.15 남북공동선언, 10.4 남북공동선언이 작동이 되지 않는 것들을 조금 더 적극적으로 작동시키게 하는 의미에서 남북기본협정을 체결하여 현재의 변화된 2017년 상황에서 남북 간에 적극적으로 관계를 풀어나갈 수 있는 제도적인 부분을 만들자는 취지입니다. 그렇기 때문에 나라와 나라 사이의 협정은 아니라고 말씀드릴 수 있습니다. 특수한 관계 속에서 이 문제를 접근한다, 남북 간의 특수성들을 고려하면서 접근한다고 봐야 할 것 같습니다.

김정은 체제의 실존적 인정은 북한이 기본협정의 체결 대상이고, 그 과정에서 남북관계를 풀어나갈 대상이기 때문에 대화의 상대자로서 당연히 인정을 해야 할 것 같습니다. 다만 국민적 정서, 보수적 정서가 실재한다는 측면을 고려하면서 끌고 가야 하지 않을까라는 생각입니다. 그리고 전시작전권 환수 문제와 관련된 문제는 매우 민감해서 제가 말씀드리기에는 적절치 않은 것 같습니다. 지금 정상회담을 준비하고 있는 상황이기 때문에 국정기획자문위원회에서는 이 문제에 관해서 많은 고민을 하고 있다는 말씀만 드려야 할 것 같습니다.

질문자 3: 저는 2007년에 개성공단에 들어가서 2016년 2월에 손을 털고 나온 기업인 중 한 사람입니다. 이 자리에서 제가 꼭 질문드리고 싶은 것은 개성공단 재개 문제입니다. 저희들이 지난 10년 동안 북한 근로자들과 함께 일하고 먹고 생활했습니다. 저희는 개성공단에서 북한의 희망으로 보았고 남북한의 희망을 보았습니다. 그리고 남북문제를 풀 수 있는 것은 개성공단밖에 없다고 저희들은 확신하고 있습니다. 그렇기 때문에 개성공단 문제를 어떻게 할 것인지에 관한 속 시원한 답변을 듣고 싶습니다.

정세현: 그 질문에 대해서는 제가 사회자이지만 개성공단의 첫 삽을 뜨고 그 제도를 만든 사람으로서 답변하겠습니다. 개성공단 재개를 하려면 여러 가지 준비가 필요할 것 같습니다. 2013년에 북한이 개성공단 문을 닫은 적이 있습니다. 처음 개성공단을 시작했을 때 그런 사건이 일어날 것이라고 예상한 적이 있습니다. 그리고 그것을 막기 위해 어떻게 할 것이냐에 관해 많은 논의를 했고 이를 위해서 국제공단으로 만드는 것에는 문제가 있다고 생각했었습니다. 우리 정부는 중소기업을 살리기 위해서 개성공단을 개발한 측면이 있고 이를 위해 정부의 협력기금을 쓰는 것이었습니다. 그리고 구체적으로 평당 가격을 14만 9천8백 원으로 묶는 것도 태국이나 베트남, 중국으로 나가는 우리 중소기업들이 돌아올 수 있도록 만들기 위해서였습니다. 그렇기 때문에 외국인들에게까지 개방을 하면 문제가 있다는 판

단이었고 개성공단은 남북협력사업으로 시작해서 남북협력사업으로 끝내야 한다는 생각을 했었습니다. 하지만 그동안의 우여곡절을 겪고 나서 다시 생각을 하니 개성공단이 재개할 때에는 국제적인 공단으로서 면모를 일정 부분 구비해놓을 필요가 있지 않느냐는 생각을 합니다. 비율은 검토가 필요할 것입니다. 50%를 국제공단화하는 것은 어려울 것입니다. 물론 개성공단에 들어오려고 하는 외국 기업의 수가 얼마나 될 것인지의 문제와는 별개입니다. 현재 개성공단은 노동집약적 산업을 중심으로 운영되어 왔습니다. 북한은 첨단사업을 요구하고 있지만 첨단 사업은 못하게 되어 있습니다. Enemy Regulation Act(ERA) 때문입니다. 미국 기술이 10%만 들어가도 미국 상무부의 허락을 받아야 하는 한계가 있습니다. 어차피 노동집약적 산업이 들어가는데 개성공단에 노동집약적 산업을 끌고 들어갈 외국 기업이 얼마나 있겠느냐는 것입니다. 미국, 일본은 더 이상 그런 산업을 하지 않으니 참여하지 않을 것이고 중국, 러시아는 방법이 될 수 있지 않을까라는 생각은 해봤습니다. 그리고 다시 재개할 때는 현재의 임금수준, 노동조건도 재협상해야 할 것입니다. 당시에 협상을 맡았던 분이 현재 통일부 장관 후보자이니 그 문제는 쉬울 것 같지만 국제공단으로서의 비율을 어떻게 할 것인가에 문제가 있다고 봅니다. 개성공단이 국제공단화 된다면 지난 번 같은 일을 북한도 일으키지 못할 것이고, 우리 역시 마찬가지일 것이기 때문에 이런 방식으로 보장받는 수밖에 없다고 생각합니다.

질문자 4: 저는 이인영 의원 지역구에 사는 시민입니다. 전 얼마 전 숭실대학교 평화포럼에 가서 놀란 적이 있습니다. 북한의 비핵화를 왜 중국이 노력하는지에 관해 일본 기자가 일본 주류 신문인 아사히와 요미우리 신문의 논조를 설명하면서 그 이유를 절감했기 때문입니다. 휴전협정은 유엔과 북한, 중국이 맺은 것이고 유엔사령부 대표로 미국의 클라크 장군이 나왔기 때문에 결국에는 평화협정도 북한하고 중국, 유엔사령부가 맺어야 한다는 법리적 해석이 나옵니다. 따라서 6자회담을 안보리 임시기구로 편입시켜야지 격이 맞는 것이고 남북기본합의서 이후 남북이 유엔회원국이 되었기 때문에 국가 연합 이후 연방제 통일로 갈 수 있는 좋은 로드맵이 제시되어 있다고 생각합니다. 문재인 정부에서는 이 방법을 깊이 연구하시는 것이 어떨지 궁금합니다.

질문자 5: 이인영 의원님께서 양복을 입고 통일을 할 수 있겠느냐는 이야기에 한 가지 생각이 떠올랐습니다. 의원님께서는 청바지를 입고 통일을 하자고 하셨는데 가만히 생각을 해보면 북한이 청바지를 좋아할까라는 생각이 듭니다. 한 가지 제안이자 질문은 양복도 아니고 청바지도 아닌 통일을 위한 한복을, 개성공단에서 만드는 것은 어떨까라는 것입니다.

이종석: 청바지도 양복도 아닌 제3의 옷을 말씀하셨는데 저도 그런 것이 있었으면 좋겠습니다. 그리고 다른 한편으로는 어떤 사람은 양복을, 다른 사람은 청바지를, 또 다른 사람은 한복을 입는, 양복도, 청바지도, 한복도 눈에 다 띄는 통일, 함께 서로가 서로를 인정하고 다름이 인정되는, 다름이 교류되는 것이 좋지 않을까라는 생각을 해봅니다.

1953년 7월 27일 정전협정이 맺어질 때, 유엔과 중국, 북한 이렇게 삼자가 맺었다고 말씀하셨습니다. 맞는 이야기이지만 그 당시 이승만 대통령이 북진통일을 주장하면서 정전협정을 반대했기 때문에 미군 사령관과 대한민국 대통령도 함께 협정을 맺어야 했는데 하지 않은 것입니다. 거부했기 때문이죠. 그렇게 유엔이 된 것입니다. 한국이 빠져 있는 것이 아닙니다. 그리고 당시에 재미있던 것은 이승만 대통령의 북진통일을 막기 위해서 처음에 미국에서 한국군에게 전쟁이 끝난 이후에도 작전권을 이양하지 않은 것입니다. 지금에는 그것이 거꾸로 되어서 미국이 없으면 안 된다고 작전권을 받지 않겠다고 하는 것입니다. 역사가 아이러니한 것은 처음 미국이 작전권을 돌려주지 않은 것이 이승만 대통령의 북진통일을 걱정해서였다는 것이죠. 그래서 6자회담을 유엔에 가지고 가는 것이 어떻겠냐는 의견에 대해서는 그런 아이디어가 있을 수는 있겠지만 이미 9.19 공동성명에서 한반도 평화체제를 별도로 당사자들이 논의하기로 했고 그 당사자가 누구인지에 관해서는 남한, 북한, 미국, 중국이라는 것이 10.4 남북공동선언과 그 이후에 여러 가지 경로를 통해서 합의가 된 상황입니다. 그런 점에서 평화협정, 평화체제로 바꾸는 것의 구도는 이미 나와 있기 때문에 유엔에 가지고 가서 2차 방정식을 굳이 4자 방정식으로 더 복잡하게 만들지 않고 4자회담, 평화협정 문제로 나아가면 되지 않을까 싶습니다. 더 중요한 것은 한반도에서 상호 불신이 해소되면 평화체제는 자연스럽게 정착될 것이고 그렇게 되면 평화협정도 가능하지 않을까라는 생각을 해봅니다.

이인영: 제가 아까 드린 말씀을 너무 오해하신 것 같습니다. 제 요지는 젊은이들의 의식이었습니다. 어른들이 하는 통일을 넘어 젊은이들이

하는 통일이죠. 저희가 10~20년이 지나 통일을 하게 된다고 생각할 때 그때의 주역은 지금의 젊은이들인데 그들의 눈높이에 맞는 통일 이야기를 좀 더 많이 했으면 하는 차원에서 비유적으로 말씀드린 것입니다. 청바지만 고민하는 사람은 아니니 걱정하지 않으셔도 좋을 것 같습니다. 똑같은 이야기인데 저는 우리가 하는 생각이 일방적으로 북한에서도 통용될 것이라고 생각하면 안 될 것이라고 생각합니다. 마찬가지로 북한이 하는 생각이 우리한테 적용되지 않는 것처럼 말이죠. 북한의 생각이 달라진 것에 관해서 우리가 생각해야 합니다. 북한의 생각이 변화한 부분들이 있다는 점을 우리가 봐야한다고 봅니다. 북한에 대해서 제가 공격적으로 말하려는 것이 아니라 김일성 주석의 시대, 김정일 위원장의 시대를 넘어 지금 김정은 시대로 넘어온 북한의 생각이 달라진 부분이 있다는 것입니다. 달라진 북한의 생각을 우리가 일방적으로 받아들여 줄 수 없는 상황도 있는 것이지요. 그렇게 달라진 상황에 관해 우리가 객관적으로 평가하고 여기서 접근법을 찾아야 할 것입니다. 아까 제가 말씀드렸지만 어떤 대화를 할 때 한 번에 우리가 직면한 문제를 해결하고 반드시 성과를 내야 한다고 생각하면서 집착을 하고 대화를 하려고 하면 잘 되지 않을 수 있다고 생각합니다. 자꾸 대화를 하면서 달라진 서로의 생각들, 처지들을 충분히 이해하는 것이 어떻게 보면 느릴 수도 있지만 가장 빨리 가는 길일 수도 있다는 점을 우리가 생각해야 할 시점이라는 말씀을 드리고 싶습니다.

정세현: 오늘 토론해주신 세분과 질문해주신 분들께 감사드리면서 세 번째 세션은 이것으로 마치겠습니다. 감사합니다.

부록

2004~2009년 김대중 대통령 6.15 기념 연설

부록 1

6.15 남북정상회담 4주년 기념 연설

국사에 바쁘신 중에도 참석하시고 격려해 주신 존경하는 노무현 대통령 내외분께 감사드립니다.

존경하는 이종혁 아태평화위원회 부위원장과 북측의 대표 여러분! 남쪽 방문을 마음으로부터 환영합니다.

존경하는 도널드 그레그 전 주한미국대사와 세계 각국의 귀빈 여러분! 그리고 존경하는 정창영 연세대학교 총장과 국내외 손님 여러분!

오늘 뜻깊은 6.15 남북공동선언 4주년 기념 국제토론회에 참석해주신 데 대해서 진심으로 환영하고 감사해 마지않습니다. 6.15 남북정상회담 당시와 그 이후 지금까지 4년간 이루어진 여러 가지 일들을 돌이켜 생각하면 감개무량합니다.

저는 4년 전 평양을 방문할 때, 회담의 성과에 대해서 확신을 갖지 못했습니다. 정상회담에서 의례히 하는 공동발표문도 사전에 합의되지 못했습니다. 김정일 위원장이 공항에 나오는지도 확실히 알지 못했습니다. 무엇이 이루어질지, 무엇이 이루어지지 않을지 모르는 채로 평양을 방문했던 것입니다.

그러나 저는 분단 55년 만에 양측의 정상이 만나는 것만으로도 큰 성공이라는 생각으로 방문했던 것입니다. 이산가족 상봉 문제만이라도 제대로 합의되었으면 좋겠다는 생각도 가졌습니다. 그러나 평양에서 벌어진 상황은 너무도 뜻밖이었습니다. 김정일 위원장이 공항까지 출영해서 반갑게 맞이해 주었습니다. 우리와 적대하고 있던 북 인민군의 의장대 사열까지 받게 되었습니다. 연도에 50만이 넘는 대군중이 나와서 열렬히 환영해 주었습니다. 참으로 꿈 같은 광경이었습니다. 그러나 모든 것이 순조롭게 된 것은 아니었습니다. 김정일 위원장과의 회담과 대화는 보좌역 한 사람씩 배석한 가운데 무려 10시간 가까이 이루어졌습니다. 밀고 당기는 협상이 진행됐고, 이러다가는 빈손으로 돌아가야 하지 않느냐 하는 절박한 심정이 된 적이 한두 번이 아니었습니다. 그러나 우리는 마침내 해냈습니다.

저는 김정일 국방위원장과 이런 이야기를 주고받았습니다. "우리는 남북을 대표하고 있다. 우리가 마음 한번 잘못 먹으면 7천만 민족이 공멸한다. 그러나 우리가 민족의 미래를 생각하면서 올바르게 문제를 풀어나간다면 우리 국민과 후손들은 축복받을 것이다. 그리고 우리에게 감사할 것이다. 어느 길을 택할 것인가? 누구도 영원히 그 자리에 있는 사람도 없고, 영원히 사는 사람도 없다. 우리 민족을 위해서나 우리 자신들을 위해서나 오늘의 이 자리는 하늘과 우리 조상들이 우리에게 마련해 준 기회다. 반드시 성공적으로 문제를 풀자." 이러한 다짐들이 오갔습니다. 그리고 합의에 이르렀습니다.

우리는 민족의 통일을 자주적으로 이룩해야 한다는 데 합의했습니다. 구체적인 통일 방안에도 의견의 접근을 보았습니다. 모든 의견 대립과 분쟁 문제들은 대화를 통해 평화적으로 풀어나가야 한다는 데 합의했습니다. 정치, 경제, 사회, 문화 모든 분야에서 교류하고 협력해나가자는 데 합의했습니다. 김정일 위원장의 서울방문도 합의됐습니다. 가장 격이 높은 공동선언을 두 사람의 이름으로 발표한다는 데도 합의했습니다. 참으로 역사적인 성과였습니다. 2박 3일 동안 내가 만난 김정일 위원장은 남쪽과 세계의 정세를 잘 알고 있었습니다. 매우 총명했으며 결단력도 있었습니다. 그리고 무엇보다도 남북 간에 화해와 협력을 해나가려는 의지를 가지고 있었습니다. 그 후로 그를 만난 올브라이트 미 국무장관이나 페르손 스웨덴 수상도 같은 인상을 받았다고 제게 말했습니다. 최근 방북한 고이즈미 일본 총리도 같은 인물평을 말한 것을 신문에서 보았습니다. 나는 더불어 민족의 장래를 열어나가야 할 상대가 대화가 가능한 인물이라는 것을 알고 매우 다행스럽게 생각했습니다.

존경하는 여러분!

6.15 남북공동선언 이전에도 7.4 공동성명이나 남북기본합의서 등

이 있었습니다. 그러나 앞서의 두 합의는 민족의 평화적 통일을 위한 숭고한 다짐이나 구체적인 방법을 제시는 했지만, 그 후로 실천이 뒤따르지 못했습니다. 따라서 얼마가지 않고 다시 옛날의 차가운 대결로 돌아갔던 것입니다. 그러나 6.15 합의의 경우는 다릅니다.

첫째, 남북의 정상이 직접 만났습니다. 이것은 참으로 큰 의미가 있는 일인 것입니다. 7천만 민족을 대표하고 각기 국정을 총괄하며 군을 통수하는 사람들이 공식으로 민족의 평화와 협력과 통일을 위해서 논의하고 합의한 것입니다. 이럼으로써 6.15 공동선언 이후, 남북 양쪽에는 긴장이 급속히 완화되었습니다. 이제는 화해와 협력을 위한 구체적 일들을 실현시킬 수 있겠다 생각하게 된 것입니다. 남북 두 정상도 민족과 역사 앞에 자기책임을 통감하게 되었습니다. 남쪽에서는 대통령의 교체가 있었지만, 여기와 계신 노무현 대통령도 남북공동선언 지지를 선언하고 적극적인 자세로 평화와 화해와 공동번영의 길을 나가고 있습니다.

둘째, 지난 4년 구체적인 실천들이 뒤따랐습니다. 이산가족이 상봉하고 있습니다. 금강산 관광이 활성화되고 있습니다. 철도와 육로의 개통을 위한 준비가 진행되고 있습니다. 개성공단의 건설에 매진하고 있고, 많은 기업들이 참가의 열의를 보여주고 있습니다. 남북 군장성급회담에서는 서해에서의 군사적 충돌방지, 휴전선에서의 비방선전 종식 등이 구체적으로 합의되고 실천되고 있습니다.

셋째, 가장 중요한 것은 남북 사이에 사람이 서로 왕래하고 있다는 것입니다. 근 1만 명에 달하는 이산가족의 상봉, 6만 명이 넘는 민간인 교류, 65만 명의 금강산 관광 등 인적교류가 빈번히 행해지고 있습니다. 이런 가운데 과거에 가지고 있던 불신이나 적대감은 크게 사라지고 이제 이웃사촌 같은 친근감을 느끼기 시작하고 있습니다. 우리는 남쪽에서 개최된 아세안 게임이나 유니버시아드 대회에 찾아온 북쪽의 선수와 응원단들을 맞이하는 남쪽 국민들의 따뜻한 환영의 태도를 보았습니다. 북에서도 체육, 음악행사 등에서 마찬가지의 감격의 장면이 이루어졌습니다. 이러한 행사를 통해 우리가 한 핏줄이라는 자각과 우리는 다시 통일할 수 있다는 확신을 갖게 되었습니다.

존경하는 여러분! 우리는 지금 우리의 미래를 생각하고 있습니다.

남북을 합친 이 땅이 동북아의 물류의 중심이 되는 날을 꿈꾸고 있습니다. 남북이 평화적으로 협력하는 가운데 철도와 도로가 연결되면 우리는 중국대륙 혹은 시베리아를 거쳐서 중앙아시아, 유럽대륙으로 뻗어나갈 수 있습니다. 물류비용도 크게 감소됩니다. 이렇게 될 때, 남북 양쪽에는 많은 산업시설과 금융기관, 보험기관, 관광사업 등이 크게 발전돼 나갈 것입니다. 7천만 민족이 모두 경제적 번영과 국민생활의 풍요를 실감하게 될 것입니다. 그리고 머지않아서 실현될 통일의 꿈을 일구어 나갈 것입니다. 이러한 미래를 위해서 절대 없어서는 안 될 일은 남북이 평화적으로 공존하면서 평화적으로 교류 협력해야 한다는 것입니다.

우리는 21세기 지식기반 경제시대에 살고 있습니다. 교육과 지적수준이 높은 민족으로서 내일의 도약에 큰 희망을 가지고 있습니다. 오늘이 자리야말로 21세기 우리 민족의 꿈과 성취에의 청사진을 엮어내야 할 자리라고 생각합니다. 존경하는 여러분! 지금, 북핵문제를 놓고 6자회담이 진행되고 있습니다. 우리는 6자회담을 지지합니다. 그러나 문제해결의 핵심은 북쪽과 미국이 두 당사자로서 합의를 이뤄내는 것입니다. 해결책은 간단합니다. 북은 핵 문제와 관련하여 세계가 납득할 결단을 내려야 합니다. 미국은 북의 안전을 보장하고 국제사회에 진출할 길을 열어주어야 할 것입니다. 그리고 서로 불신이 큰 만큼 실천은 동시 또는 병행해서 해야 할 것입니다. 오늘의 이 모임에서도 북미 양쪽이 다 같이 납득하고 수용할 수 있는 그러한 방안에 대해서 적극적인 대화와 토론이 있기 바랍니다. 그리고 강조할 것은, 한반도 문제는 우리 민족의 의사가 존중되는 가운데 그 해결책이 찾아져야 한다는 것입니다. 최근의 주한미군 감축계획도 남과 북이 긴장완화와 군비태세의 조절에 활용하는 지혜를 발휘해야 할 것입니다.

나는 마지막으로 한 가지 제안을 김정일 위원장에게 하고 싶습니다. 우리는 남북공동선언을 지지하고 있고 그 준수를 다짐하고 있습니다. 남북공동선언에는 김 위원장의 답방이 기록되어 있습니다. 남쪽 국민과 세계가 그 실현을 바라고 있습니다. 김정일 위원장의 남쪽 방문은 매우 중요한 의미를 갖습니다. 답방이 이루어져야 남북 간의 신뢰는 확고해지고 평화와 교류협력을 위한 진전이 크게 이루어질 것입니다. 전쟁의 그림자도 사라지게 될 것입니다. 남쪽의 국민들은 김 위원장의 서울방문을 따뜻이 환영할 것입니다. 우리 국민은 남북의 정상이 다시 한 자리에 앉아서 민족의 협력과 번영과 통일을 논의하는 모습을 바라고 있습니다.

존경하는 여러분, 오늘의 국제토론회가 여러분의 참여와 협력으로 큰 성공을 거둘 수 있기를 바랍니다. 그리고 내년 5주년에는 더욱 성대한 모임이 이루어지도록 다짐합시다.

감사합니다.

부록 2

6.15 남북정상회담 5주년 기념 연설

존경하는 노무현 대통령 각하 내외분!

국사 다망하신 가운데 참석해 주신 것을 큰 영광으로 생각하고 감사해 마지않습니다.

존경하는 구스마오 대통령 각하, 영상 메시지를 보내주신 고르바초프 대통령, 첸지첸 부총리, 도널드 그레그 대사, 와다 하루키 교수, 쉬베쳐 장관, 그리고 이 자리에 계신 각 정당 대표, 각국의 외교 사절과 내외 귀빈 여러분!

여러 가지 바쁘신 가운데 이와 같이 참석해 주신 데 대해서 역시 진심으로 감사하고 큰 영광으로 생각하는 바입니다.

존경하는 여러분!

6.15 남북정상회담이 있은 지 만 5년이 되었습니다. 비록 세월은 흘

렀지만 남북의 모든 한민족과 세계의 많은 분들은 지금도 그때의 벅찬 감격과 여러 모습들의 기억을 생생하게 간직하고 있습니다. 6.15 남북정상회담은 타의에 의해서 분단된 지 반세기를 거치면서도 결코 포기하지 않는 우리 민족의 재결합에의 의지를 과시한 사건이었습니다.

나는 1998년 2월 대통령에 취임하면서 우리 민족의 통일의지와 열망을 새삼 강조했습니다. 나는 우리의 통일을 3원칙 3단계로 정리해서 이를 햇볕정책이라는 이름 아래 주장해 왔습니다. 3원칙은 평화공존, 평화교류, 평화통일의 통일원칙을 말합니다. 3단계는 남북연합, 남북연방 그리고 완전통일을 말합니다. 따뜻한 햇볕으로 냉전의 빙벽을 녹이고 서로 화해 협력하는 가운데 남북이 다 같이 공생하고 발전하면서 통일로 나아가자는 것입니다.

국민의 정부가 수립된 후 2년여의 노력 끝에 남북정상회담을 갖는데 성공했습니다. 나는 김정일 국방위원장과 흉금을 털어놓은 대화를 했습니다. 모처럼 갖게 된 이 기회가 우리 민족의 장래를 좌우하는 중요한 계기라고 생각했기 때문에 정성을 다하여 진실을 주고받는 대화를 하고자 했던 것입니다. 대화의 결과는 매우 성공적이었습니다.

우리는 민족 문제는 우리 민족이 자주적으로 해결하자는 데 합의했습니다. 또한 통일의 방법에 있어서 제1단계로서 남측의 '남북연합제'와 북측의 '낮은 단계의 연방제'가 공통점이 있는 것을 인정하고 이를 중심으로 대화와 협의를 진전시키기로 합의했습니다. 주변 환경만 좋아지면 1단계의 통일방법은 언제든지 실현할 수 있습니다. 남북연합은 남북 양 정부가 현재와 같은 독립국가로서의 모든 권한을 간직한 채 정상회담, 각료회담, 국회회담을 수시로 열 수 있으며, 만장일치 합의제로 나가게 될 것입니다. 우리는 북한의 남한에 대한 공산화 야망이나, 남한의 북한에 대한 흡수통일의 기도를 단연코 배제하기로 의견의 일치를 보았습니다. 통일은 어디까지나 윈-윈의 공동승리의 통일이 되어야 합니다.

나와 김정일 위원장은 북미관계 개선에 대해서도 합의를 했습니다. 그리고 클린턴 대통령 임기 중에는 상당한 진전을 보았습니다. 주한미군 문제에 대해서 김정일 위원장은 남한의 미군이 북한을 공격하지 않는다는 보장이 확실하다면 현재는 물론 통일 후에도 미군이 한반도에 주둔하는 것이 한반도의 평화와 안정에 도움이 된다고 말했습니다.

우리는 이 외에도 남북 간의 경제, 문화, 사회, 환경 등 전면적인 교류 협력을 하기로 합의했습니다. 남북정상회담은 그럴 듯한 미사여구의 합의서를 발표하는 데 그치는 것이 아니라, 이산가족 상봉, 철도 도로의 연결, 개성공단의 건설 등 구체적인 실천을 이룩하기로 합의했습니다. 이와 같은 합의를 통해서 미래에 대한 큰 희망이 우리 민족에게 퍼져갔습니다. 그러나 곧 다가온 북미관계 경색으로 큰 성과를 이루지 못하고 있습니다.

그러한 환경에서도 우리는 남북관계를 진전시키는 노력을 계속해왔습니다. 그 성과도 차츰 나타나기 시작하고 있습니다. 1만 명의 이산가족이 상봉하고 100만 명 이상의 사람이 남북을 오고가고 있습니다. 북쪽에 공장을 세우고, 도로가 개통되었습니다. 그러나 무엇보다도 가장 중요한 진전은 북한 사람들의 생각이 많이 바뀌고 있다는 사실입니다. 그들은 6.15 정상회담 이후 보도매체를 통해서 남북교류 장면을 자주 보고 있습니다. 남쪽에서 지원해준 비료와 식량이 북한 전역에 배포됨으로써 북한 주민들은 이제 남한사람들이 잘산다는 것과 우리가 그들을 도와주려 한다는 진심을 알고 과거의 부정 일변도의 생각을 크게 바꾸고 있습니다. 남쪽 국민들도 과거 북쪽이라면 모든 것을 반대하던 태도를 보인 사람들이 많았는데 지금은 공산주의를 반대하는 것과 같은 동족을 아끼고 지원하는 것은 별개라는 성숙된 생각을 가지게 되었습니다.

한 가지 유감스러운 것은 남북공동선언에서 합의된 김정일 위원장의 서울답방이 아직도 실현되지 않고 있다는 사실입니다. 이는 남북관계가 신뢰와 협력 속에 획기적으로 발전되기 위해서 절대로 필요한 사항입니다.

존경하는 여러분!

이 자리에 계신 노무현 대통령께서는 6월 11일 워싱턴에서 미국의 부시 대통령과 정상회담을 갖고 북핵문제의 평화적 해결 원칙에 합의하고, 굳건한 한미동맹을 재확인하였습니다. 이번 한미정상회담은 그동안 일부에서 제기된 우려도 불식한 성과 있는 회담이었습니다. 노무현 대통령의 외교적 성과와 노고에 대해 국민과 더불어 감사드립니다.

북한 핵문제에 대해서 몇 말씀 드리겠습니다. 우리는 북한 핵을 절대로 용납할 수 없습니다. 북한이 핵무기를 갖는다는 것은 한반도 남북 비핵화 선언에도 정면으로 위배됩니다. 북한이 핵을 가지면 동북아시아 나라들이 줄지어 핵을 갖는 사태가 올 수 있습니다. 참으로 위험천만한 일입니다. 지금 북핵문제를 해결하기 위해서 6자회담이 구성되고 있습니다. 북한은 하루속히 4차 6자회담에 출석해서 북측의 요구를 당당하게 개진해야 할 것입니다. 그에 앞서 북한은 핵을 완전히 포기하고 철저한 검증을 받겠다는 것을 거듭 천명해야 합니다. 한편, 미국은 북한의 이러한 태도에 대해서 북한의 안전을 보장하고 경제제재를 해제해 주는 것을 약속해야 합니다. 나는 이러한 조치들을 취하게 되면 북한 핵문제는 해결될 것이라고 믿습니다.

미국에서는 지금 북한을 불신하고 징계를 서두르는 주장이 많습니다. 미국이 북한에 대해서 주고받는 협상을 확실하게 약속하지 않은 채 징계만을 앞세운다면 중국, 러시아 등 대부분의 6자회담 당사국들이 이에 동의할지 의문입니다. 미국과 북한이 주고받는 협상을 하고 난 후에도 만일 북한이 핵을 완전히 포기하지 않으면 그때는 북한 이외의 6자회담 참여국들이 엄격한 대응책을 수립할 수 있을 것입니다. 그러나 그것은 반드시 평화적 수단이어야 합니다.

과거의 역사를 보면 공산국가에 대해서 냉전이나 봉쇄를 통해서 성공한 예가 없습니다. 그러나 개혁, 개방으로 유도했을 때 공산국가에서는 민주화가 실현되거나 많은 변화가 일어났습니다. 소련과 동구라파에서 민주화가 일어났고 중국, 베트남은 과거에 비해서 상당한 변화를 일으켰습니다. 한편, 쿠바에 대해서는 50년을 봉쇄했지만 변화시키지 못하고 있습니다. 북한도 개혁개방을 유도하면 긍정적인 변화가 일어날 것이고 강압정책을 택한다면 그 반동이 클 것입니다. 우리는 공산주의를 반대합니다. 핵도 반대합니다. 그러나 모든 것을 평화적인 방법으로 개혁개방을 유도하는 것이 가장 확실한 성공의 길이라고 믿습니다.

존경하는 신사 숙녀 여러분!

금년 12월에는 말레이시아에서 동아시아정상회의(EAS)가 열립니다. 나는 1998년 베트남에서 있었던 ASEAN+3 정상회의에서 동아시아공동체에 대한 비전을 제시하고 그 연구에 착수하도록 제안한바 있습니다. 그 후 동아시아비전그룹(EAVG), 동아시아연구그룹(EASG)을 거쳐서 동아시아포럼(EAF)이 열렸고, 마침내 동아시아정상회의(EAS)가 개최되게 되었습니다.

21세기는 세계화 시대로 들어서고 있습니다. 그러나 한편으로는 EU블록, 북미블록, 동아시아블록 등 경제적 블록이 형성되는 과정에 있습니다. 동아시아는 정치 체제나 종교적, 문화적 차이가 있습니다. 그러나 동아시아 각국은 매우 성공적으로 안보와 경제, 문화협력 등을 이룩해 오고 있습니다. 교역도 활발합니다.

동아시아 블록 중에는 특히 한국, 중국, 일본의 동북아시아 3국이 큰 비중을 차지합니다. 인구 면에서 보면 3대 1, GDP 면에서는 10대 1

의 우위를 동북아시아 3국이 보이고 있습니다. 동아시아 공동체를 향한 노력에 있어서 동북아시아 3국은 선도적 역할을 해야 할 것입니다. 그러나 지금 한일 간, 중일 간은 과거 역사에 대한 인식 차이를 두고 큰 대립상을 보이고 있습니다. 이것은 동아시아공동체의 실현을 위해서 매우 심각한 장애요소가 아닐 수 없습니다.

지금 세계 전문가들은 21세기가 동아시아의 세기가 될 것이라고 말하고 있습니다. 그러나 그것은 동아시아 특히 동북아시아가 신뢰와 협력의 관계를 굳건히 실현했을 때의 일인 것입니다. 한중일 3국은 현재의 갈등을 해결하기 위해 허심탄회하게 대화를 하는 가운데 공통의 역사인식과 협력의 길을 발견해야 할 것입니다. 무엇보다도 일본은 역사와 정면으로 대면하고 책임을 지는 결단을 보여야 할 것입니다. 나는 오늘 이 자리가 그러한 가능성을 발견하는 데 큰 도움이 되는 자리가 되기를 바랍니다.

여러분 모두의 건강을 바라 마지않습니다.

감사합니다.

부록 3

6.15 남북정상회담 6주년 기념 연설

존경하는 노무현 대통령 내외분!

국사 다망하신 중에도 불구하고 오늘 이 자리에 왕림해 주신 것을 큰 영광으로 생각하고 감사해 마지않습니다.

존경하는 미하일 고르바초프 전 대통령을 위시한 노벨평화상 수상자와 수상단체 대표 여러분! 여러분을 충심으로 환영합니다. 또한 이 자리를 같이하신 내외 귀빈 여러분도 환영해 마지않습니다. 그리고 오늘의 회의가 원만히 개최되도록 도와주신 박광태 광주시장과 연세대 정창영 총장에게도 감사를 드립니다.

존경하는 여러분!

광주는 이 나라 민주주의의 성지입니다. 1980년 5월 17일 저는 군사 쿠데타를 일으킨 신군부에 의해서 구속되었습니다. 그러자 그 다음

날 광주시민들은 거리로 나와서 '계엄령 해제하라', '군사 쿠데타 주모자 전두환 물러나라', '김대중 석방하라' 등의 구호를 외치면서 대대적인 시위를 전개했던 것입니다. 그때 신군부는 평화적인 시위를 하는 군중에게 무자비한 총탄세례를 퍼부어서 수많은 사람이 희생되었습니다. 150명 이상이 사망하고 3천 명 이상이 부상당했습니다. 한편 10일 동안 계속된 광주 민주항쟁은 참으로 위대한 정신을 간직한 거사였습니다.

첫째, 광주 민주화운동은 군부독재를 반대하고 민주화를 지키기 위해서 목숨을 바친 운동이었습니다.

둘째, 광주 민주화운동은 전시민적인 궐기 속에서도 질서와 평화를 지킨 운동이었습니다.

셋째, 광주 민주화운동은 시민군이 열흘 동안이나 시를 장악하고 있으면서도 군인이나 경찰에게 한 사람도 위해를 가하지 않는 비폭력의 운동이었습니다.

넷째, 광주 민주화운동은 시가 시민군의 장악 속에 있을 때 모든 금융기관과 상점들이 아무런 피해도 입지 않고 영업을 할 수 있는 높은 질서의식을 보여주었습니다.

다섯째, 광주 민주화운동은 시민군들이 시를 장악하고 있던 열흘 동안 신군부와 계속 대화를 시도하는 노력을 보여주었습니다. 매우 건설적인 자세였던 것입니다.

이러한 위대한 광주 5.18 민주화정신은 전 국민과 온 세계를 감동시켰습니다. 한국 국민의 민주화에 대한 열망과 숭고한 정신적 가치에 대해서 모두가 감탄과 경의를 표시하게 된 것입니다. 그리고 이러한 광주 민주화운동은 이 나라에 반석과 같은 민주주의의 실현을 가져왔고, 그런 토대 위에 경제발전과 남북 간의 화해 협력의 시대를 열게 된 것입니다.

저는 신군부에 의해서 광주폭동의 배후지휘자로 몰려서 군법회의에 회부되고 사형선고를 받았습니다. 신군부는 저를 죽이거나 아니면 자기들에게 협력하는 괴뢰로 만들기로 작정했던 것입니다. 그들은 저에게 죽지 않으려면 자기들에게 협력하라고 요구했습니다.

저는 그들에게 말했습니다. "나도 물론 죽고 싶지 않다. 그러나 내가 살기 위해서 당신들에게 협력하면 나는 일시적으로는 살 수 있겠지만 역사와 국민의 마음속에 영원히 죽을 것이다. 그러나 내가 당신들에게 협력하지 않으면 나는 일시적으로는 죽겠지만 역사와 국민의 마음속에 영원히 살 것이다. 나는 역사와 국민을 배신할 수 없다." 저는 이렇게 말하면서 죽음의 길을 택했던 것입니다. 그 후 국민과 세계의 비등하는 항의에 의해서 저는 사형집행을 면할 수가 있었습니다.

광주의거는 신군부의 폭력에 의해서 일시적으로 좌절되었습니다. 그러나 광주의거 정신을 간직한 전 국민의 끈질기게 계속된 민주화 투쟁에 의해서 불과 7년만에 민주주의는 다시 이 땅에서 햇빛을 보게 되었습니다. 한국은 지금 민주주의와 경제적 번영, 남북 간의 화해 협력으로 세계적으로 높이 평가받고 있습니다. 발전도상에 있는 여러 나라들의 모범이 되고 있습니다. 최근에 아시아의 여러 언론들은 한국의 경제발전도 높이 평가할 만하지만 혹독한 군부의 탄압 아래서도 평화적인 방법으로 끝내 민주주의를 회복한 한국 사람이야말로 우리가 본받아야 할 사람들이라고 말하고 있습니다.

민주주의와 평화와 화해 협력의 위대한 광주의거의 정신이 깃든 이곳에서 '2006 노벨평화상수상자 광주정상회의'를 갖게 된 것은 참으로 시의적절한 것이라고 생각합니다. 여러분의 이 회의는 광주시민은 물론 우리 국민과 세계 모든 사람들에게 광주의거의 정신과 결부되어 많은 영감을 주게 될 것이라고 믿습니다.

존경하는 여러분!

광주의거는 이 땅의 민주화를 가져왔고 민주화는 통일에의 국민적 열망을 고조시켰습니다. 과거에는 통일만 이야기해도 용공으로 의심받고 탄압받았습니다. 그러나 민주화 이후 이런 족쇄는 풀렸습니다. 모두가 자유롭게 민족의 통일을 말하게 되었습니다. 이런 분위기 속에서 저의 2000년 6월 13일 북한 방문은 이루어졌던 것입니다.

그리고 그 결과는 큰 성과로 나타났습니다. 남북의 양정상은 우리의 운명을 우리 스스로 해결하자는 데 합의했고, 통일은 점진적이고 착실한 방법으로 실천하자고 합의했습니다. 그리고 정치, 경제, 사회, 문화 등 모든 분야의 교류 협력을 적극 추진하기로 합의했습니다. 아직 실현되지 않았지만 김정일 국방위원장의 서울 방문에도 합의했습니다. 분단 반세기 만에 대립과 적대관계를 넘어서 민족 상호 간의 화해와 협력의 시대를 열게 된 것입니다. 이러한 양 정상의 합의는 여러 가지 구체적인 결과로 나타났습니다.

첫째, 남북 간의 긴장이 크게 완화되고 전쟁의 가능성은 매우 감소되었습니다.

둘째, 반세기 동안 생사의 소식도 모르던 수백만의 이산가족이 이제 서로 만나거나 소식을 듣는 시대가 되었습니다. 직접 만난 이산가족이 1만 3천 명이나 됩니다. 정상회담 이전에는 50년 동안 불과 200명만이 상봉할 수 있었습니다.

셋째, 북한의 명산 금강산을 관광한 남한 사람이 130만 명에 달하고 지금도 계속 관광을 하고 있습니다.

넷째, 남쪽의 수많은 기업들이 북한에 진출하고 있고 특히 휴전선 가까이에 있는 개성공단에서는 이미 6천 명의 북한 근로자가 남한기업에서 일하고 있으며 앞으로 이 숫자는 70만 명까지 늘어날 것입니다.

다섯째, 남북 간의 철도연결공사가 완료되어 머지않아 개통될 것이며, 이 철로는 앞으로 중국과 러시아를 거쳐 유라시아 대륙 전체로 뻗어 나갈 것입니다. 남북의 철도연결은 관계 각국의 엄청난 경제적, 문화적 발전을 가져올 것입니다. 물론 남한도, 북한도 큰 혜택을 얻을 것입니다.

여섯째, 남북 간에는 학술, 문화, 체육 등의 교류가 빈번히 이루어지고 있습니다. 왕래한 사람의 수가 10만 명이 넘었습니다. 이것은 남북의 화해 협력을 증진시키고 민족의 동질성을 회복하는 큰 동력이 될 것입니다.

존경하는 여러분!

우리는 1,300년 동안 통일을 유지한 민족입니다. 외세에 의해서 일방적으로 분단된 지 60년이 되었습니다. 이것은 우리가 원한 것도 아니고 승낙한 바도 아닙니다. 어찌해서 이러한 부당한 분단을 우리 민족의 영원한 운명으로서 받아들일 수 있겠습니까? 저는 우리 민족이 반드시 힘을 모아 평화적으로 한반도의 통일을 이룩할 것을 확신해 마지 않습니다.

우리는 독일식의 흡수통일을 바라지 않습니다. 그러기에는 우리의 힘도 부족하고 부작용도 많습니다. 또한, 우리는 베트남식의 무력통일도 바라지 않습니다. 이 땅에서 또다시 무력대결이 일어난다면 7천만 민족이 공멸하는 위기에 빠질 것입니다. 우리는 평화적으로 같이 살면서 교류 협력하다, 서로가 안심할 수 있을 때 평화적으로 통일할 것입니다. 그 통일은 남북한 공동승리의, 윈윈의 통일이 될 것입니다.

우리의 염원과 노력에도 불구하고 남북관계는 만족할 만한 진전을 아직 보지 못하고 있습니다. 그 가장 큰 이유는 북한과 미국의 관계가 경색되어 있기 때문입니다. 경색의 당면 이유는 북한 핵문제입니다.

저는 북한 핵문제는 해결 가능한 문제라고 생각합니다. 북한은 핵을 완전히 포기하고 철저한 검증을 받아야 합니다. 미국은 북한의 안전을 보장해 주고 경제적 제재를 해제해 주어야 합니다. 서로 불신이 크기 때문에 동시에 실천해야 합니다. 북한과 미국은 작년 중국 베이징에서 합의한 '9.19 공동성명'의 결과를 존중하면서 그러한 방향으로 핵문제가 해결될 수 있도록 적극 나서야 합니다. 물론 우리 한국도 힘을 다해서 도와주어야 할 것입니다.

6자회담은 한반도 평화와 동북아시아 전체의 안전을 위해서 가장 알맞은 조직입니다. 6자회담의 참여국가인 미국, 일본, 중국, 러시아는 지정학적으로, 또는 역사적으로 우리에게 큰 영향을 끼쳤습니다. 19세기 말과 20세기 초 일청전쟁, 일러전쟁이 있었고, 일본의 한국 병탄에는 미국도 외교적으로 가담했었습니다. 따라서 한반도의 평화를 위해서는 이 4대국이 남북한과 긴밀하게 협의해서 한반도 평화보장의 책임을 다해야 할 것입니다. 저는 지금부터 35년 전인 1971년 대통령 선거에 출마했을 때 '4대국 한반도 평화보장론'을 주장한 바 있습니다.

미국 예일 대학의 폴 케네디 교수는 최근 한국에 대해서 "한국은 네 마리의 큰 코끼리 다리 사이에 끼어 있는 존재다. 한국이 사는 길은 그 사이를 어떻게 슬기롭게 헤쳐 가느냐에 따라 결정될 것이다"라고 말한 적이 있습니다. 한국은 이제 과거와 같은 약소국가가 아닙니다. 상당한 경제적 능력과 군사력을 가지고 있고 수천만 명의 믿음직한 국민도 있습니다. 남북이 힘을 합쳐서 4대국과 협상하고 협력해서 한반도의 평화를 지키는 동시에 동북아시아와 세계 평화에도 기여할 수 있다고 믿습니다.

존경하는 지도자 여러분!

인간의 마음에는 천사도 있고 악마도 있습니다. 우리가 어느 쪽을 택하느냐에 따라서 우리에게는 축복이 오거나 재앙이 오거나 할 것입니다. 세계 모든 사람들에게 축복의 결과를 가져오려면 감상적인 담론만으로는 부족합니다. 무엇보다도 빈곤과 질병에서 고통 받는 사람들의 문제를 해결하는데 적극 나서야 합니다.

그리고 종교나 신앙, 철학이 다른 문명 간의 대화와 협력이 있어야 합니다. 전쟁과 테러행위를 통해서 문제를 해결하려는 것을 단호히 반대해야 합니다. 모든 갈등은 약자에 대한 배려 속에서 대화로 풀어 나가야 합니다.

우리 노벨평화상 수상자들은 특별한 영광을 입은 사람들입니다. 우리는 평화와 민주주의와 정의를 위해서 헌신할 의무가 있습니다. '광주정상회의'가 그러한 목적을 달성하는데 큰 기여가 되기를 바랍니다. 세계 사람들에게 복음의 메시지가 되어야겠습니다.

다시 한 번 여러분을 이곳에 모시게 된 것을 큰 영광과 자랑으로 생각하면서 머무시는 동안 내내 즐거운 체류가 되기를 바랍니다.

감사합니다.

부록 4

6.15 남북정상회담 7주년 기념 연설

존경하고 사랑하는 여러분!

오늘 이 좋은 날, 마치 이것을 축하해 주듯이 방금 좋은 소식이 들어왔습니다. 6자회담을 가로막고 있던 방코델타아시아(BDA)의 북한 예금문제가 완전히 해결되었다는 것이 연락이 왔습니다. 그리고 반기문 유엔 사무총장께서 조금 전에 전화를 해서 7주년을 축하하고 여러분께 축하의 말씀을 전했습니다.

여러분!

오늘 우리가 여기서 6.15 남북정상회담 7주년을 축하하고 있습니다. 제 생각으로는 오늘의 이 날이야말로 과거 어떤 6.15 기념일보다도 우리가 희망을 갖는 그러한 축일이 됐다고 생각합니다. 이제 방코델타아시아 문제가 해결되었기 때문에 북한 핵문제는 2.13 합의에 의해서 순조롭게 진행될 것이고, 또 우여곡절이 있더라도 결국 해결될 것이라고 생각합니다.

남북문제에 있어서 변수가 3가지 있습니다. 하나는 우리 국민의 생각이고, 하나는 북한 김정일 위원장의 생각이고, 하나는 미국의 생각입니다. 우리와 북한문제에 대해서는 조금 전 임동원 장관 등 많은 분이 얘기했기 때문에 제가 더 이상 사족을 달지 않는 것이 좋겠다고 생각합니다. 그분들을 통해 여러분께서 좋은 말씀을 많이 들었다고 생각합니다. 그래서 저는 남북문제에 대해서 제 임기 중의 대화 상대였던 클린턴 대통령과 부시 대통령과의 정상회담에 대해서 보고 겸 제 생각을 말씀드리겠습니다.

저는 1998년 대통령에 취임한 후 6월에 미국을 국빈 방문했습니다. 클린턴 대통령과의 정상회담에서 클린턴 대통령은 저의 햇볕정책이 무엇인지 좀 설명해 달라고 했습니다. 그래서 저는 "햇볕정책은 남북문제를 군사적으로 해결하는 것도 반대하고, 독일식의 흡수통일도 우리의 힘에 벅차서 따라갈 수 없으므로 반대한다. 우리는 북한과 대화해서 평화공존하고 평화교류해 나가다가 서로 이만하면 됐다 할 때 통일하려는 것이다"라고 약 30분에 걸쳐서 제 의견을 말했습니다. 이 얘기를 열심히 듣고 난 클린턴 대통령은 "당신의 생각에 전적으로 공감한다. 미국은 당신의 햇볕정책을 지지한다. 그러므로 당신 소신껏 하십시오." 이렇게 말했습니다. 저는 당시 큰 격려를 받았습니다. 그리고 정상회담 후 공동기자회견에서 클린턴 대통령은 "우리 미국은 김대중 대통령의 햇볕정책을 지지한다. 김대중 대통령이 앞장서고 우리가 뒤에서 밀어

주겠다.” 이렇게 말했습니다. 그 후 대북문제는 문자 그대로 그렇게 되었습니다.

제가 2000년 평양에 갈 때 저는 북한문제 관계자들에게 “미국하고 모든 것을 상의하라. 숨소리도 숨길 것 없이 말해주라. 우리가 미국을 속일 이유가 없다”고 했습니다. 그러면서 또 우리의 중요한 우방한테 알려줄 것은 모두 알려주라고 했습니다. 이렇게 저는 북한을 방문하기 전이나 후나 미국과 긴밀한 협력 속에 미국의 지지를 받아가면서 해 나갔습니다. 남북정상회담 후 공동성명이 발표되자, 미국은 이것을 지지하는 입장을 분명히 했습니다.

남북정상회담 후 북미관계도 급진전되어 조금 전 임동원 장관이 말씀한 대로 클린턴 대통령이 북한을 방문하게 되었습니다. 그런데 클린턴 대통령의 방문이 무산되었습니다. 재작년에 클린턴 대통령이 한국에 와서 저에게 설명한 것을 보면, “당시(2000년) 본인은 꼭 북한을 방문하려고 했는데 그때 중동문제로 이스라엘과 팔레스타인 사이에서 본인이 중재를 하고 있었는데 아라파트 PLO 의장이 ‘중동문제를 마무리를 짓고 어디를 가야지 이 문제를 해결하지 않고 다른 곳에 갈 수 없다’ 하면서 옷소매를 붙잡다시피 하면서 자기가 협력할 테니 반드시 이 문제를 해결하라고 해서 북한 방문을 취소했다”고 합니다. 그러나 결국은 중동문제도 잘 안됐다고 합니다. 클린턴 대통령은 그때 옷소매를 뿌리치고 북한에 가지 못한 것을 후회하고 있었습니다. 또 클린턴 대통령은 “만일 내가 1년만 더 대통령 자리에 있었다면 당신과 협력해서 북한 문제를 완전히 해결할 수 있었는데 참 아쉽다”고 얘기했습니다. 그렇게 해서 결국 클린턴 대통령의 방북은 무산되었습니다.

나중에 클린턴 대통령이 저한테 편지를 보냈는데 "김정일 위원장에게 이러한 사정으로 북한에 갈 수 없으니 당신이 미국으로 와 달라. 그래서 여기에서 얘기하자"고 했는데 김정일 위원장이 가지를 않았습니다. 저는 클린턴 대통령이 북한에 가지 못한 것도 아쉽고, 김정일 위원장이 그때 미국을 갔으면 북미관계가 크게 진전되고 많은 문제들이 해결됐을 텐데 그렇게 되지 않아 그것도 아쉽다고 생각합니다.

저는 끝까지 한반도의 평화와 우리 민족의 통일에 대해서 성의를 다하고 퇴임 후까지도 북한 문제를 해결하지 못한 것을 아쉬워하는 클린턴 대통령에 대해서 감사를 드리면서 여러분께서 박수를 보내주실 것을 바랍니다.

클린턴 대통령이 퇴임한 후 부시 대통령이 취임했습니다. 제가 또 미국을 방문했습니다. 우리는 파월 국무장관과 협의해서 한미 양쪽 정부 간에 클린턴 시대에 북한과 이루었던 것을 계승해서 직접 대화하고 서로 협상하기로 합의하고 공동발표문을 발표했습니다. 그러나 뜻밖에도 부시 대통령이 기자회견 자리에서 북한을 마구 공격하기 시작했습니다. 저는 그때 솔직히 아주 당황했습니다. 기자회견 후 미국의 언론들은 하루아침에 "북한문제에 대해서 부시 대통령의 태도는 완전히 부정적이다" 이런 식으로 보도를 하고 저의 미국 방문은 아주 참담한 결과가 됐다고 해도 과언이 아닌 상태가 되어버렸습니다.

그러나 저는 포기하지 않았습니다. 저는 부시 대통령의 아버지인 부시 전 대통령에게 전화하고 또 여러 중요한 공화당 관계자들과도 대화하는 등 부시 대통령을 설득하기 시작했습니다.

2002년 1월에 부시 대통령이 이란, 이라크, 북한을 '악의 축'으로 발표했습니다. 그리고 미국에서는 북한을 선제공격한다는 얘기까지 나왔습니다. 저는 대통령으로서 그야말로 밤잠을 잘 못잤습니다. 본격적으로 군사력을 사용하려는 것은 아닌가 이런 걱정이 있었습니다. 그해 2월에 부시 대통령이 서울에 오셨습니다. 저는 부시 대통령에게 여러 날 생각해 왔던 제 의견을 얘기했습니다. "북한문제는 대화로서 모든 것을 해결하자. 당신들은 '나쁜 자하고는 대화할 수 없다'고 하지만 그건 모순이 있다. 아이젠하워 대통령은 6.25 전쟁 중에 북한과 대화했다. 레이건 대통령은 소련을 '악마의 제국'이라고 해 놓고 대화하지 않았느냐. 그래서 소련이 변화했다. 닉슨 대통령은 '전쟁범죄자'라 했던 중국을 찾아가서 모택동을 만났다. 그래서 중국의 개혁개방을 유도했다. 당신만 못할 것이 뭐가 있느냐?" 이러면서 설득을 했는데 결국 부시대통령이 제 말에 많이 공감하기 시작해서 예정된 각료회담 45분을 취소하고 우리끼리만 얘기하자고 해서 부시대통령과 단둘이 1시간 30분 동안 대화를 했습니다. 그래서 완전히 합의가 됐습니다. 정상회담 후 기자회견에서 부시 대통령이 "북한을 공격하지 않겠다."고 선언할 때 저는 참으로 안도감을 느끼고 잘 됐다고 생각했습니다. 부시 대통령은 또 "북한하고 대화하겠다"고 하면서 제가 한 말을 본인의 말로써 얘기 했습니다. "레이건 대통령은 소련을 '악마의 제국'이라고 하면서 대화했는데 나도 북한과 대화하겠다. 그리고 원하면 북한에 식량을 주겠다." 그래가지고 기분이 좋아가지고 예정에 없던 도라산역도 가고, 철도 침목에 사인도

하고 그렇게 됐습니다. 그러나 그 후로 여러분들이 아시는 대로 결국 미국 정책이 본질적으로 변화하지 않았고 또 켈리 차관보가 2002년 10월 북한을 방문한 후 다시 한 번 핵 위기가 일어나게 된 것입니다.

그래서 저는 계속적으로 대통령 재임 중이나 퇴임 후에 미국에 대해서 "북한은 미국이 북한의 안전을 보장하고 경제제재 해제하고 국교정상화 해주면 핵을 포기하고 협력을 한다. 북한이 핵을 갖는다는 것은 미국이 지금 베트남과 중국과 같은 공산국가의 예와 마찬가지의 일이다. 못 해 줄 것이 없지 않느냐. 그 대신 이렇게 해주겠다는 데도 불구하고 북한이 핵을 포기하지 않으면 그때는 미국이 본격적으로 북한을 제재한다고 해도 우리는 그것을 이해하겠다. 중국도 미국이 북한과 대화도 안 하고, 주고받는 협상을 안 하면서 북한에게만 먼저 모든 것을 내 놓으라고 하니까 적극 동조 안 하고 있지만, 중국도 북한 핵을 절대 반대하기 때문에 미국이 그런 조건만 들어준다면 아마 중국도 북한에 대해서 적극적으로 설득하고 압력을 가할 것이다. 왜냐하면 내가 중국 지도자들을 만났을 때 그들은 북한이 핵을 갖는 것에 대해서 아주 불쾌하게 생각하고 비난하는 것을 감추지 않았다. 중국은 북한이 핵을 가짐으로써 일본이 핵을 갖는 빌미가 될 것을 두려워하고 있다. 대만이 핵 갖는 것을 또한 걱정을 하고 있다. 그러므로 중국은 자기네 국가적 중대 이익을 생각하더라도 절대로 북한 핵을 용납할 수 없는 것이다." 그렇게 계속 미국 지도자들을 설득했습니다.

그러나 큰 변화가 없었습니다. 그러다가 마침내 북한 핵실험이 있었습니다. 우리나라에서도 여러분들이 지금 생생히 기억하는 대로 마치

상전이 벽해가 되는 큰 충격을 받았습니다. 그러나 저는 여러분이 아시는 대로 동요하지 않았습니다. 왜냐하면 저는 북한의 지도자들도 만나보고 북한에 대해서 그동안 공부한 결과로서는 북한은 지금 살기가 아주 힘들고, 국가를 유지하기가 힘들어 살길을 열려고 몸부림을 치고 있다는 것을 압니다. 그런데 북한이 살길을 미국이 완전히 장악하고 있습니다. 국제사회에서 고립되어 있는 것을 미국만이 풀어줄 수 있습니다. IMF나 ADB에서 돈을 빌려 건설하려고 해도 미국만이 해결해 줄 수 있습니다. 일본은 과거에 대한 배상금으로 약 100억 불 예상되는 돈을 미국이 동의하지 않으면 북한에게 주지 않습니다. 국제자본가들은 미국이 북한을 불량국가라고 지정해 놓았는데 거기에 투자할 나라가 하나도 없습니다. 그런데 북한 입장에서는 북한 주위에 이제 소련도 없고 동구라파 공산권도 없어졌습니다. 겨우 중국이 제한된 도움을 주고 있을 뿐입니다. 또 거기에 덧붙여 말씀드리면 북한은 중국한테만 매달리는 것도 두려워하고 있습니다. 그래서 저는 북한의 그러한 것을 잘 알고 있기 때문에 미국 사람들을 계속 설득해 왔습니다. 또 언론을 통해서도 계속 말해 왔습니다.

저는 북한 핵실험 때도 10여 개국의 외신과 인터뷰를 통해 직접 얘기를 했고 저의 인터뷰 내용은 다시 신디케이트 계약이 된 각국의 수십 개의 언론들에 전달이 됐습니다. 이렇게 해서 마침내 부시 대통령이 태도를 바꿨습니다. 그래서 북한과 직접 대화하기 시작했습니다. 그 후 2.13 회담으로 결국 북한이 원하는 안전보장, 경제제재 해제 또한 국교정상화 등의 길이 열렸습니다. 미국이 그것을 들어준 것입니다. 그래서 북한도 만족을 하고 있습니다. 그런데 등장을 한 것이 방코델타아시아 문제였습니다. 이것은 미국이 실수한 것이라고 봅니다. 그런데 이것 때문에 1년 6개월이 걸렸습니다. 그러나 미국은 특히 국무성은 방코델타아시아 문제를 해결해 줄려고 애를 썼습니다. 부시 대통령도 확고하니 거기에 지원한 걸로 압니다. 이제 6자회담은 순조롭게 진행될 것으로 봅니다.

앞으로도 계속 여러 가지 고비가 있겠지만 제가 말씀드리고자 하는 것은 북한은 결국 핵을 포기하게 될 것입니다. 북한이 지금 핵을 갖는 것은 우리 입장으로 보면 '한반도 비핵화 공동선언'을 위배한 것입니다. 북한 핵에 대해서 법적 권리가 있는 사람은 우리입니다. 그런데 최근에 북한은 핵실험 후 "한반도 비핵화는 '김일성 주석의 유훈'이다. 그러니까 지키겠다." 이렇게 말하고 있습니다. 이것은 제가 해석해 볼 때 북한은 결국 미국이 줄 것을 주면 핵을 포기하는데 그때 군부라든지 일부 국민들이 핵을 가졌던 자부심 때문에 반대할 가능성이 있으므로 미리 신성불가침으로 취급된 '김일성 주석의 유훈'을 내세워서 그러한 동요를 막기 위한 준비를 하고 있는 것이 아닌가 생각됩니다. 여하튼 북한은 핵을 포기하지 않으면, 한반도 비핵화에 응하지 않으면, 미국으로부터 얻어야 할 안전보장, 국교정상화, 경제제재 해제 등을 완전하게 얻지 못합니다. 그것을 얻지 못하면 북한의 미래도 없습니다. 그렇기 때문에 저는 이 기회를 북한이 놓치지 않을 것이라고 생각합니다.

미국도 북한에 대해서 마땅치 않더라도 전쟁을 할 수가 없습니다. 지금 미국은 중동에 발이 묶여서 북한과 전쟁할 여유가 없습니다. 또 경제제재를 지금까지 일본과 함께 해 왔는데 중국이 도와주고 있기 때문에 성공하지 못했습니다. 더구나 작년 중간선거에서 민주당이 대승

함으로써 민주당의 의견을 무시할 수도 없습니다. 민주당은 "북한과 대화해야 한다. 그리고 줄 것 주고, 받을 것 받는 협상을 해라. 클린턴 대통령이 하던 것을 해라" 하는 입장인데 미국의 외교는 국회의견을 무시할 수 없습니다. 그것보다도 적극적으로는 부시 대통령도 이제 내년이면 임기가 끝나는데 "북한 문제라도 해결해야 한다. 여기서는 해결 가능성이 있다. 그래서 외교성과를 얻어내야 한다. 중동에서는 어렵지만 여기서는 가능성이 있으니까 여기서라도 성공하자." 이런 의견이 있는 것도 사실입니다.

북한은 얻을 것 다 얻게 되었으니까 이제 핵을 포기 안 할 이유가 없고 또 중국의 태도가 단호하니까 그렇게 안 할 수 없지 않냐 그렇게 보고 있습니다. 그래서 제가 볼 때는 결국 우여곡절이 있더라도 북한 핵 문제는 해결될 것이고, 해결 되면 아까 여러분들이 말씀한 대로 남북관계는 급속히 발전하고 그래서 우리가 큰 성공을 해 나갈 것입니다.

지금 우리나라의 중소기업들 정말 어렵습니다. 여기에서 어려우니까 중국, 베트남으로 진출했는데 거기에서도 지금 잘 안됩니다. 결국 이제 가는 길은 북한입니다. 북한은 거리도 가깝고, 문화도 같고, 말도 통하고, 노동력도 풍부하고, 임금도 싸고, 북한 노동자는 아주 우수합니다. 그러므로 남북이 협력하면 북한 사람도 좋고 우리도 좋은 것입니다. 우리 중소기업들은 다 살아날 것입니다. 그리고 지금 현대가 북한에 여러 가지 이권을 장악하고 있습니다. 철도, 통신, 항만, 관광 등 여러 가지를 30년, 50년 권리를 장악하고 있습니다. 어떻게 보면 북한 경제의 중요한 동력을 우리가 장악하고 있다고 해도 과언이 아닙니다. 우리는 앞으로 북한과 같이 힘을 합쳐서 경제를 발전시키면 북한도 좋고 우리도 크게 얻어낼 것입니다. '퍼주기', '퍼주기' 했는데 어떤 의미에서 '퍼오기' 시대가 올 것입니다. 저는 이런 의미에서 6자회담이 꼭 성공하기를 바랍니다.

저는 오랜 고집을 꺾고 6자회담이 성공하도록 미국 정책을 바꾼 데 결정적인 역할을 한 부시 대통령에 대해서도 앞으로 꼭 6자회담이 성공해서 북미관계가 개선되고 우리와도 협력해서 남북관계를 발전시켜 나가는 그런 일을 하도록 부시 대통령에게 여러분이 한번 격려 박수를 보내 줄 것을 바랍니다.

여러분 이제 제 말씀을 맺도록 하겠습니다. 오늘 아침 신문에서 프랑스의 세계적인 문명 비평가 자크 아탈리 씨는 "한국이 오늘과 같은 정보화를 계속 발전시키고 선도적으로 해 나간다면 한국은 앞으로 30년 내에 세계적인 거점 국가가 될 것이다." 이렇게 말했습니다. 미국의 저명한 경제연구단체인 〈골드만 삭스〉는 "한국이 앞으로 50년 내에 21세기 중반까지 미국 다음으로 발전하는 나라 되어 국민 1인당 소득이 8만 1천불이 되는 그런 시대가 올 것"이라고 했습니다. 독일의 『디 벨트』 지는 "앞으로 30년 내에 한국은 독일을 앞서갈 가능성이 있다"고 말했습니다. 그러나 거기에는 조건이 있습니다. 그것은 남북이 하나가 되어서 통일국가를 이룩해야 그것이 가능하다는 얘기가 있고, 통일이 설사 늦어지더라도 남북이 화해 협력해서 안심하고 한국에 투자하고 북한에 투자하고 무역할 수 있는 그러한 안정된 국가를 만들어야 한국은 국제적 협력까지 얻어가면서 한반도는 발전할 것이라는 것을 말한 것입니다.

우리에게 이런 기회가 오고 있습니다. 우리 민족은 지적 수준이 높고, 교육 수준이 높기 때문에 지식정보화 시대에 가장 알맞은 민족입니다. 남북이 합치면 못 할 일이 없는 것입니다. 더구나 철도가 대륙으로 나가면 지금 중앙아시아는 기름이 나오고, 가스가 나오고, 광물이 나오고 아주 노다지판입니다. 지금 우리는 거기에 못 가고 있습니다. 북한을 거치지 못하기 때문입니다. 그런데 남북문제가 잘 해결되어 철도가 중앙아시아를 가게 되면 우리는 큰 기회를 갖게 될 것입니다. 그렇게 되면 한국은 동쪽의 물류의 허브가 됩니다. 그래가지고 서유럽 파리 런던까지 가게 됩니다. 기차로 가는 것은 시간이나 비용이 약 30% 절감됩니다. 그리고 해적도 안 나오기 때문에 안전합니다. 그래서 제가 여야 정치인들이나 국민들에게 말하고 싶은 것은 "북핵 문제 해결에는 햇볕 정책 이외에는 없다." 이것이 세계의 공통적인 얘기입니다.

제가 대통령에 퇴임한 후 프랑스 파리에 회의가 있어서 갔습니다. 갔더니 시라크 대통령이 "내가 당신 꼭 만나야 하는데 파리에 있지 않기 때문에 못 만난다. 참 유감스럽다. 당신의 햇볕정책은 그것 이상으로는 없으니까 절대로 포기하지 말고 발전시켜 나가라." 이렇게 친서를 보내왔습니다. 저 먼 프랑스의 남의 나라 대통령이 우리의 정책에 대해서 그렇게 관심을 갖고 있습니다. 세계에서 햇볕정책 지지하지 않는 사람이 없습니다. 있다면 우리나라 여기에 있습니다. 그러니까 햇볕정책을 반대한 분들도 반대가 있을 때 대안을 내놓고 얘기하라는 것입니다. 햇볕정책 안 하면 전쟁을 할 것입니까? 전쟁을 하면 어떻게 됩니까. 24시간 안에 수도권에서 약 150만 명이 사망합니다. 이것은 북한 핵이나 미사일이 제대로 안 나올 때 얘기입니다. 유엔군 사령부에서 추계한 것입니다. 그렇게 죽는 전쟁을 할 것입니까? 아니면 판문점에서 총 소리 한 번만 나도 보따리 싸서 도망갈 준비만 하는 불안한 생활을 하고, 외국 투자가들이 투자를 망설이는 그러한 냉전시대로 돌아갈 것입니까. 대안을 얘기해야 할 것입니다. 대안을.

저는 이번에 북한 핵문제 핵실험 나왔을 때, 그때 저로서는 참으로 비장한 결심을 했었습니다. 제가 이 문제에 대해서 미국에 대해서 충고를 하고 나섰을 때 당시의 분위기에서 무슨 일이 날지도 모른다는 생각을 했습니다. 그러나 저는 제 몸을 바쳐서 사형언도를 받아가면서도 민주주의를 지켰는데, 그 민주주의도 다 훼손될 수 있는 위험이 있고 남북 간의 전쟁의 위험성을 내포하는 그런 문제에 대해서 제가 입 다물고 있을 수는 없다고 생각했습니다. 사실 저희 집 주변에는 간혹 몇몇 분들이 와가지고 말하자면 저한테 비난하는 시위를 합니다. "민족 반역자다. 북한 앞잡이다." 그저께도 시위를 했는데 오늘은 이곳 근방까지 와서 또 했습니다. 저는 우리나라에 언론자유가 있고 집회, 결사, 시위의 자유가 있으니까 그런 걸 감수합니다. 그러나 저는 여러분께 말합니다. 저는 햇볕정책하고 사촌 맺은 것도 아니고 햇볕정책을 안 하면 제게 손해가 있는 것도 아닙니다. 햇볕정책을 안 하면 우리 민족이 손해를 보고, 우리 국민이 손해를 보고, 그리고 우리가 조상이 물려준 이 한반도가 앞으로도 계속 남북이 적대관계에 매달리고 살아야 하는 그런 비극을 면치 못하기 때문에 서로 화해 협력하고 북한도 안심할 때 통일하자는 것입니다. 북한도 어느 정도 경제회복을 하고 우리 부담이 크지 않을 때 통일하자 이런 것입니다. 이것에 우리가 반대해야 할 이유가 있습니까?

저는 앞으로도 제가 이 세상에 살아있는 한 민주주의를 위해서 서민 대중들의 복리를 위해서 그리고 우리 민족의 화해 협력과 통일을 위해서 제 모든 것을 바쳐서 노력하겠다는 것을 여러분께 말씀드립니다. 저는 이제 얻을 것 다 얻었습니다. 대통령도 했고 노벨평화상도 받았습니다. 다시 대통령 하겠습니까? 다시 국회의원 하겠습니까? 나이가 80이 넘었습니다. 저는 이제야말로 사욕 없이 허심탄회하게 제 모든 것을 바쳐서 나라를 위해서 봉사하겠습니다. 이것이 제가 아내하고 항상 나라와 민족의 운명을 얘기하면서 우리가 다짐하는 것입니다. 여러분 다행히 제가 건강이 좀 좋아졌습니다. 제가 한때 상당히 아팠는데 이제 많이 좋아졌고 신장이 나빠서 투석하는 것은 어쩔 수 없습니다. 그러나 이번에 CT 검사도 했는데 신장 외에는 모두 이상이 없다고 합니다.

제 생명이 다하는 한 존경하고 사랑하는 여러분들을 모시고 우리의 국민의 행복을 위해서 자유를 위해서 그리고 민족의 화해 협력을 위해서 통일에 대한 확고한 전망을 위해서 제 모든 것을 바쳐서 여러분과 함께 나가겠습니다.

오늘 이 자리를 만드는 데 많은 분들이 수고가 많았습니다. 깊이 감사를 드리면서 여러분 모두가 행복하고 건강하시기를 빕니다. 그리고 앞으로도 저에 대해서 저의 내외에 대해서 아낌없는 성원과 지원을 아끼지 마실 것을 부탁드리면서 제 말씀을 마치겠습니다.

감사합니다.

부록 5

6.15 남북정상회담 8주년 기념 연설

존경하는 임동원 위원장! 오늘의 6.15 남북정상회담 8주년 기념행사를 성공리에 개최하는 데 대해서 축하해 마지않습니다. 그리고 손학규, 박상천 민주당 대표, 천영세 민주노동당 대표, 버시바우 미국 대사, 바스 독일 대사, 티보드 프랑스 대사, 웨이 벨기에 대사, 칼카 폴란드 대사, 톤셋 노르웨이 대사를 비롯한 외교사절, 김하중 통일부장관과 참석하신 모든 내빈께 환영과 감사의 말씀을 드립니다. 특히 오늘 훌륭한 강연을 해주신 와다 하루키 교수, 백낙청 교수와 원고를 보내주신 브루스 커밍스 교수에게 감사의 말씀을 드립니다.

우리는 지금 한국에서 엄청난 경험을 하고 있습니다. 그것은 2천 년 전 그리스 아테네에서 시작된 직접 민주주의 이래 처음으로 수천만 국민의 참여와 관심 속에 한국에서 다시 그 직접 민주주의를 경험하고 있는 것입니다. 이 민주주의는 인터넷과 문자메시지를 통한 온라인과 거리에 모인 촛불문화제의 오프라인의 연대 속에 행해지고 있습니다.

이 새롭고 엄청난 경험이 평화적으로 행해져서 성공을 거둔다면 21

세기 세계의 민주주의에 큰 감동과 영감을 주고 새로운 진로를 제시하게 될 것입니다. 저는 한국민에 의해서 시도된 이러한 직접 민주주의의 모습을 지켜보면서 과연 우리 한민족은 어떠한 민족인가 하는 것을 생각해보게 되었습니다.

우리 민족은 빛나는 독립수호의 역사를 가지고 있습니다. 우리 한민족은 동아시아의 끝자락, 조그마한 반도에 위치해 있습니다. 그러나 거대한 중화민족에 맞서 중국화되지 않고 끝내 그 정체성을 지켜냈습니다. 우리 조상들은 과거 중국의 수나라, 당나라의 각기 수십만 대군의 거듭된 침략을 물리쳤습니다. 몽고의 침입에 대항하여 50년 동안 민중이 선두에 서서 항쟁했습니다. 임진왜란 때 일본의 침략에 맞서 군과 민이 일체가 되어 끝내 이를 격퇴했습니다. 일제식민지 35년도 식민지가 된 그날부터 해방된 1945년 8월 15일까지 국내 혹은 국외에서 무력항쟁을 포함한 독립투쟁을 멈추지 않았습니다. 이것은 세계 식민지 해방 운동 역사에서 특별한 예가 되었던 것입니다.

우리 민족은 문화적 주체성을 고수해 왔습니다. 중국 주변에 있는 동북아시아 여러 민족은 중국의 압도적인 문화력에 동화되어 대부분 민족 자체가 소멸되었습니다. 만주족은 중국에 청나라를 세워 270년 동안 통치했지만 결국 중국문화에 흡수되어 만주 민족은 사라졌습니다. 반면에 우리 민족은 이러한 엄청난 동화력을 가진 중국문화 즉, 유교, 불교 등의 고급문화를 과감히 받아들여 우리 것으로 재창조함으로써 문화적 동화에 의한 민족 상실을 막아내고 우리의 정체성을 당당히 유지해왔습니다.

지식 교육사회를 실현한 것입니다. 우리 민족은 정부의 고위 관료들이 부자 세습에 의해서 권력을 장악하는 서구적 봉건제도를 채택하지 않았습니다. 영의정의 자식이라도 오직 과거시험에 합격했을 때만 지도자의 반열에 참여할 수 있었습니다. 오늘의 사법시험이나 행정고시라 할 수 있는 과거에 합격하기 위해서는 엄청난 노력을 경주해서 공부해야 했습니다. 자연히 교육이 매우 중요시되었습니다. 이런 지배층의 풍조에 영향을 받아 과거시험에 참여 자격이 없던 서민들까지 자식 교육에 열을 올리게 되었습니다. 그리고 이러한 교육열은 현재까지도 면면히 유지되어 한국은 세계 최대의 교육 강국 중 하나라고 할 수 있습니다. 우리나라는 세계적인 정보강국입니다. 이것 또한 지식의 전통과 교육의 보급에 그 뿌리를 두고 있습니다.

지금 한국은 세계 신흥국가의 모범이 되고 있습니다. 2차 대전 이후 독립한 150여 신흥국가들은 한국을 그들이 이룩해야 할 나라의 모범으로 생각하고 배우고 있습니다. 우리는 수많은 희생을 바치면서 피를 흘려 민주주의를 쟁취했습니다. 이제 한국에서 독재가 다시 일어난다는 것은 상상도 할 수 없는 일입니다. 우리는 6.25 한국전쟁으로 폐허가 된 경제를 일으켰습니다. '제2의 6.25 국난'이라고 일컬었던 IMF 외환위기 상황에서도 경제를 살려냈습니다. 그리고 이제 한국 경제는 당당하게 세계 10위권에 자리하고 있습니다. 한국 국민의 독립정신, 지적 전통, 자유 수호 의지 등이 한류의 기적을 창조해냈습니다. 일본열도를 한류로 들끓게 만들었고 중국대륙에서 하루 저녁에 1억 명이 한국 TV 드라마를 시청하게 만들었습니다. 지금 동남아, 중동, 미국, 유럽 등 세계 도처에 한류가 퍼져 나가고 있습니다. 그리고 이제 고대 그리스 아테네에서 시작된 이후, 2천 년 만에 처음으로 한국에서 다시 직접 민주주의를 시험하고 있습니다. 한국은 신흥국가는 물론 선진 국가들의 주목의 대상이 되고 있습니다.

우리는 1971년 대통령 선거 이래 남북문제의 평화적 해결과 미·일·중·소 4대국에 의한 한반도 평화보장을 주장해 왔습니다. 4대국에 의한 한반도 평화보장에 남북을 합치면 오늘의 6자회담인 것입니다. 즉 우리는 햇볕정책과 오늘의 6자회담을 37년 전부터 주장해온 셈입니다. 미소에 의한 냉전과 이에 따른 남북의 대결이 극심할 때도 우리는 우리 민족의 장래 문제를 평화적으로 해결하여 공동승리하자고 주장했습니다. 독재 권력과 보수언론에 의한 음해와 탄압이 극심했지만 우리는 굴치 않았습니다.

남북관계는 이명박 정부 출범 이후 경색상태에 있지만 결국은 화해협력의 방향으로 발전해 나갈 것으로 봅니다. 그 외에는 대안이 없고, 화해 협력하는 것이 남북 쌍방에 이익이 되기 때문입니다. 6자회담은 지금 성공의 길을 가고 있습니다. 북미관계도 우리가 오랫동안 주장해온 대로 직접대화와 주고받는 협상이 진행되고 있습니다. 6자회담이 마무리되면 6자의 합의에 의해서 동북아 안보체제가 실현될 것입니다. 1971년 대선 당시 우리가 염원했던 대로 4대국의 참여 속에 한반도의 평화가 이루어질 수 있습니다.

우리는 미국과의 동맹과 중·일·러 3국과의 우호관계를 병행해 나가야 합니다. 그것이 우리가 평화와 자주를 지켜나갈 수 있는 가장 확실한 길입니다. 지금은 우리 민족의 미래 운명을 위해서, 또 동북아시아의 평화를 위해서 매우 중요한 시기입니다. 우리는 앞으로도 남북이 화해, 협력 속에 공동 승리하는 햇볕정책을 고수해야 합니다. 4대국에 의한 한반도 평화 협력 체제를 발전시켜 나가는 노력도 적극 추진해야 합니다. 그것이 우리의 생존과 발전의 길입니다.

프랑스의 저명한 문명비평가는 최근 '한국은 강대국인 중국과 일본 사이에서 위축될 필요가 없다. 그들은 강대하기도 하지만 배타적 민족주의, 복고적 과거 회귀주의 등의 약점도 가지고 있다. 그러나 한국민은 높은 지적 창의력과 모험심, 그리고 개방적 태도 속에 전진하고 있다'고 말했습니다. 독일의 유력 언론은 한국은 앞으로 30년 내에 독일을 앞서나갈 것이라고 말했습니다. 미국의 저명한 연구기관들도 한국의 미래에 대해서 높은 가능성을 얘기하고 있습니다.

물론 이러한 평가들은 한국민이 굳건한 단결과 노력 속에 평화를 지키고 21세기의 시대적 조류에 발맞춰 나가는 데 성공했을 때만 가능하다고 얘기하고 있는 것입니다. 그러나 밝은 전망이 있는 것은 사실입니다. 그러므로 우리는 자신을 가져야 합니다. 특히 사람을 아끼고 존중해야 합니다. 21세기 지식경제기반 시대는 우수한 인재가 역사를 창조적으로 이끌어 가는 시대이기 때문입니다. 성공의 여신은 우리에게 가능성을 보이며 손짓하고 있습니다. 과감하게 그 손을 잡고 미래의 큰 길을 향해 나갑시다. 그리하여 한민족을 세계의 선도민족의 반열에 세웁시다.

감사합니다.

부록 6

6.15 남북정상회담 9주년 기념 연설

존경하는 선배 동지 여러분, 오늘 이 자리에 이렇게 많이 나와 주셔서 참으로 감사합니다. 저는 6.15와 10.4 선언을 생각할 때 돌아가신 노무현 대통령을 생각하지 않을 수 없습니다. 노 대통령과 저만이 북한에 가서 남북정상회담을 한 그 사건은 아주 중요한 일이었다고 생각합니다.

그런데 노무현 대통령과 저하고 이상하게 닮은 점이 많습니다. 둘 다 농민의 아들로 태어났고, 노 대통령은 부산상고, 저는 목포상고를 나왔습니다(청중 웃음). 그리고 노무현 대통령은 돈이 없어 대학에 못 갔고 저도 돈이 없어 대학에 못 갔습니다. 노 대통령은 대학 못 간 뒤 열심히 공부해서 변호사가 됐고, 저는 열심히 사업해서 돈 좀 벌었습니다. 그 후로 저는 이승만 정권, 노 대통령은 박정희 정권 등 독재정권에 분개해 본업을 버리고 정치에 들어간 것입니다.

정치에 들어가서 또 다시 반독재투쟁을 같이 하는 등 노 대통령과 저는 참으로 연분이 많습니다. 당도 같이 했고, 국회의원도 같이 했고,

그리고 북한도 교대로 다녀왔습니다. 이런 걸 가만히 보니까 전생에 노 대통령과 저하고 무슨 형제간이 아니었나 하는 생각이 듭니다. 물론 형님은 제가 되고요. 제가 노 대통령 서거 소식을 듣고 '내 몸의 반쪽이 무너지는 것 같다'고 했는데 그것은 지나간 과거만 봐도 여간한 인연이 아닙니다. 제가 대통령 할 때 노 대통령을 해양수산부 장관을 시켰습니다.

저는 오늘 6.15 남북공동선언 9주년을 맞이해서 먼저 이명박 대통령과 북한에 대해서 몇 말씀 하고 싶습니다.

이명박 대통령은 지금 우리 국민이 얼마나 불안하게 살고 있는지 알아야 합니다. 개성공단에서 철수하겠다는 얘기가 나왔습니다. 북한에서는 매일같이 남한이 하는 일을 선전포고로 간주하겠다, 무력대항하겠다고 말하고 있습니다. 세계에서 이렇게 60년 동안이나 이러고 있는 나라가 어디에 있습니까. 그래서 저는 이명박 대통령에게 강력히 충고하고 싶습니다. 전직 대통령 두 사람이 합의해 놓은 6.15와 10.4를 이 대통령은 반드시 지키십시오. 그래야 문제가 풀립니다.

그리고 우리가 일방적으로 철수한 금강산 관광을 다시 복구시켜야 합니다. 개성공단에 노동자를 위한 숙소를 지어주기로 우리가 약속했습니다. 따라서 저는 이명박 대통령이 6.15와 10.4의 약속을 지키고, 금강산에서 일방적으로 철수한 것을 철회하고, 개성공단 숙소 건설을 약속한 것 등 우리의 의무사항을 우리가 이행하겠다는 것을 선언할 필요가 있다고 생각하는데, 여러분 어떻습니까.

다음에는 북한의 김정일 위원장에게 말씀하고 싶습니다. 저는 북한이 많은 억울한 일을 당하고 있는 것을 알고 있습니다. 1994년 제네바 협정을 해 가지고 북한은 핵을 포기했습니다. 미국은 북한에 대해서 경수로를 지어주고 경제 원조를 하기로 약속했습니다. 그런데 클린턴 대통령이 합의해 놓은 것을 부시 대통령이 들어서 완전히 뒤집어버렸습니다. 여기에서 불신이 생겨났습니다.

또 오바마 대통령이 대통령 선거운동 중에 자기가 당선되면 북한과 이란의 수반들을 직접 만나겠다고 했습니다. 그리고 대통령에 당선되고 난 후 자기의 대북정책은 부시 정책이 아니라 클린턴 행정부가 하던 정책을 계속할 것이라고 말했습니다. 여기에 대해서 북한의 기대가 아주 큰 것은 사실입니다.

그런데 오바마 대통령은 파키스탄, 아프가니스탄, 이란, 중동, 러시아, 심지어 쿠바까지 대화하겠다고 손 내밀면서 북한에 대해서 한마디도 안 한다는 것은 북한으로서는 참으로 참기 어려운 모욕입니다. 북한이 또 다시 속는 것이 아니냐는 생각을 갖는 것은 무리가 아닙니다.

그러나 그렇다고 해서 북한이 극단적인 핵개발까지 끌고 나간 것은 절대로 지지할 수 없습니다. 김정일 위원장은 6자회담에 하루 빨리 참가해서, 또 미국과 교섭해서 북핵 문제를 해결하고 한반도 비핵화를 해야 합니다. 한반도 비핵화는 절대적인 조건입니다. 제가 이번에 중국에 가서 시진핑 부주석을 만나 1시간 정도 얘기했는데, 중국 지도자 누구를 만나 봐도 북한 핵을 반대하는 것은 틀림없었습니다. 저는 중국이 북한 핵을 상당히 반대한다고 생각했는데 이번에 북한이 핵실험을 하니까 중국이 상당히 엄격한 비난을 하고, 유엔안전보장이사회에서도 대북결의안이 합의된 것으로 알고 있습니다.

그런 억울한 점이 있지만, 그렇다고 해서 핵을 만들어서는 안 됩니다. 핵을 만들면 누구에게 쓰겠습니까. 거기에는 우리 남한 사람도 포함돼 있을 것입니다. 1,300년 통일국가, 5,000년 역사를 가진 우리가 우리끼리 상대방을 전멸시키는 전쟁을 해서 되겠습니까. 인내심을 가지고 대화를 계속해서 아직 오바마 대통령이 대북 정책을 발표 안 했기 때문에 기다릴 필요 있습니다. 물론 초조한 심정은 알겠지만, 그러나 오바마 대통령은 클린턴 정책을 따라가겠다고 한 말이 있으므로 기다려야 합니다.

이번에 클린턴 전 대통령이 한국에 와서 저와 만찬을 했는데, 클린턴 대통령은 저와 같이 한 햇볕정책을 실천 못 한 것을 아쉽게 생각하고 있었습니다. 우리는 북핵문제 해결을 위해 많은 얘기를 했습니다. 클린턴 대통령도 북한 핵에 대해서는 절대 반대고, 그러나 상대방에 대해 상응하는 대가를 주면서 상대방 기분도 챙겨가면서 해야 한다고 했습니다. 제가 여러 가지 건의를 했는데, 자기가 오바마 대통령과 힐러리 클린턴 여사에게 전달하겠다는 말도 한 일이 있습니다.

저는 북한이 요구한 안전보장과 경제재건, 미국과 일본과의 국교 재개 등을 미국이 존중하고 지켜주어야 한다고 생각합니다. 이미 북한 핵 문제는 1994년 제네바 회담에서 합의되었고, 2005년 6자회담 9.19 합의에 의해서, 북한은 핵을 포기하고 미국은 북한과 외교관계를 열고, 한반도는 평화협정을 맺고, 미국은 북한에 대해 경제적 지원을 한다는 것을 합의했기 때문에 어디까지나 교섭과 인내심을 가지고 연구하면서 해야지, 핵 문제를 갖고 나온다는 것은 안 된다고 김정일 위원장에게 강력히 말씀드리고자 합니다.

결국 제가 말한 것은 외교는 윈윈으로 해야 한다는 것입니다. 당신도 좋고 나도 좋아야 외교가 성공합니다. 북한은 핵을 포기하고 장거리 미사일까지도 포기하는 단계까지 갔습니다. 그러므로 북한에 줄 것은 줘야 합니다. 그래서 외교도 해주고 경제원조도 하고 한반도 평화협정도 맺어야 합니다. 다 합의되어 있는 얘기를 미국이 실천을 안 하고 있습니다.

저는 오바마 대통령이 당선되었을 때 제가 당선된 것처럼 기뻤습니다. 또 힐러리 여사가 국무장관이 되었을 때 클린턴 대통령의 아내이기 때문에 기뻤습니다. 북핵 문제는 제네바 합의에 의해서 한반도 비핵화가, 북한의 핵 포기가 결정됐고, 그리고 6자회담 합의에 의해서 북한 핵 문제가 다 합의되었습니다. 저는 이번에 클린턴 대통령에게도 '무엇이 안 되냐, 북한도 합의했고, 미국도 합의했다. 오바마 정부는 부시하고 다른데, 왜 북한을 안심하게 하고 북한도 기다릴 수 있는 기회를 안 주고 이런 데까지 왔느냐' 이런 얘기도 했습니다.

이명박 대통령께 다시 말씀드리고 싶습니다. 지금 우리나라 도처에서 이명박 정권에 대해서 민주주의를 역행시키고 있다고 말하고 있습니다. 노무현 대통령의 장례식에 전국에서 500만 명이 문상을 한 것을 보더라도 지금 우리 국민들의 심정이 어떤지 우리가 알 수 있습니다. 저는 지금 국민이 걱정하는, 과거 50년간 피 흘려서 쟁취한 10년간의 민주주의가 위태롭지 않느냐는 점을 생각하면 매우 불안합니다.

민주주의는 나라의 기본입니다. 얼마나 많은 국민들이 민주주의를 이룩하기 위해 죽었습니까. 광주에서, 인혁당 사건 등으로 많이 죽었습니다. 우리는 과거에 이승만, 박정희, 전두환 세 독재정권을 국민의 힘으로 극복했습니다. 그래서 여야 정권교체를 통해서 '국민의 정부'가 출범했습니다. 노무현 대통령이 당선되면서 그 모든 민주주의적 정치가 계속됐습니다. 우리 국민은 독재자가 나왔을 때 반드시 이를 극복하고 민주주의를 회복했다는 것을 우리는 명심해야 합니다.

저는 오랜 정치 경험과 감각으로, 만일 이명박 대통령과 정부가 지금과 같은 길로 계속 나간다면 국민도 불행하고, 이명박 정부도 불행하다는 것을 확신을 가지고 말씀드리면서, 이명박 대통령이 큰 결단을 내리기를 바라 마지않습니다.

더불어 여러분께도 간곡히 피맺힌 마음으로 말씀드립니다. '행동하는 양심'이 됩시다. 행동하지 않는 양심은 악의 편입니다. 독재정권이 과거에 얼마나 많은 사람들을 죽였습니까. 그분들의 죽음에 보답하기 위해, 우리 국민이 피땀으로 이룬 민주주의를 지키기 위해서, 우리가 할 일을 다해야 합니다. 사람들의 마음속에는 누구든지 양심이 있습니다. 그것이 옳은 일인 줄을 알면서도 행동하면 무서우니까, 시끄러우니까, 손해 보니까 회피하는 일도 많습니다. 그런 국민의 태도 때문에 의롭게 싸운 사람들이 죄 없이 세상을 뜨고 여러 가지 수난을 받아야 합니다. 그러면서 의롭게 싸운 사람들이 이룩한 민주주의를 우리는 누리고 있습니다. 이것이 과연 우리 양심에 합당한 일입니까.

이번에 노무현 대통령이 돌아가셨는데, 만일 노 전 대통령이 그렇게 고초를 겪을 때 500만 명 문상객 중 10분지 1인 50만 명이라도, '그럴 수는 없다. 전직 대통령에 대해 이럴 순 없다. 매일 같이 혐의를 흘리면서 정신적 타격을 주고, 스트레스 주고, 그럴 수는 없다.' 50만 명만 그렇게 나섰어도 노 전 대통령은 죽지 않았을 것입니다. 얼마나 부끄럽고, 억울하고, 희생자들에 대해 가슴 아픈 일입니까.

저는 여러분께 말씀드립니다. 자유로운 나라가 되려면 양심을 지키십시오. 진정 평화롭고 정의롭게 사는 나라가 되려면 행동하는 양심이 되어야 합니다. 방관하는 것도 악의 편입니다. 독재자에게 고개 숙이고, 아부하고, 벼슬하고 이런 것은 말할 필요도 없습니다. 우리나라가 자유로운 민주주의, 정의로운 경제, 남북 간 화해 협력을 이룩하는 모든 조건은 우리의 마음에 있는 양심의 소리에 순종해서 표현하고 행동해야 합니다. 선거 때는 나쁜 정당 말고 좋은 정당에 투표해야 하고, 여론조사도 그렇게 해야 합니다. 그래서 4,700만 국민이 모두 양심을 갖고 서로 충고하고 비판하고 격려한다면 어떻게 이 땅에 독재가 다시 일어나고, 소수 사람들만 영화를 누리고, 다수 사람들이 힘든 이런 사회가 되겠습니까.

우리 국민들은 북한의 핵실험과 미사일을 반대합니다. 그렇지만 반대는 어디까지나 6자회담에서, 미국과의 회담에서 반대해야지, 절대로 전쟁의 길로 나가서는 안 된다고 생각합니다. 우리가 통일을 할 때 100년, 1,000년이 걸리더라도 전쟁으로 통일을 해서는 안 됩니다.

우리 모두 행동하는 양심으로 자유와 서민경제를 지키고, 평화로운 남북관계를 지키는 일에 모두 들고 일어나서 안심하고 살 수 있는 나라, 희망이 있는 나라를 만듭시다.

감사합니다.

한반도 평화와 문재인 정부:

6.15의 계승과 혁신

박명림 편

펴낸곳　연세대학교 대학출판문화원
주　소　서울시 서대문구 연세로 50
전　화　02) 2123-3380~2
팩　스　02) 2123-8673
　　　　e-mail: ysup@yonsei.ac.kr
　　　　http://press.yonsei.ac.kr
등　록　1955년 10월 13일 제9-60호
인　쇄　(주)동국문화

2017년 12월 29일 1판 1쇄
ISBN 978-89-6850-201-9 (93340)

값 12,000원